本書の構成

問題提起

⇩

解決策

⇩

成果

後悔しない家づくりの教科書II

いい家塾の家づくり／目次

問題提起

序　章　あなたの常識は正しいですか

問題提起

第1章　こんな筈ではなかった「住まいの五重苦」

第２章　欠陥住宅が生まれるわけ

第5章　自然素材をふんだんに使った健康住宅

解決策

第6章　最適な断熱施工で結露を防ぎ夏涼しく冬暖かい快適生活

解決策

第7章　「いい家とは、どんな家」？さあ、家づくりを実践しよう！

問題提起

序章　あなたの常識は正しいですか

常識を疑ってみる

「あなたの思っている常識は正しいですか？」いい家塾の講座17期第1講で、私は歓迎の挨拶でいきなり塾生に尋ねました。今期は、塾生定員25名のところ、32名が受講している創立10周年記念の意義深い講座です。改めてこの講座に於いて、「皆さんが思っている常識を疑ってみる機会にしましょう」と呼びかけました。私は世の中に多くの常識に疑問を抱いてきたからです。それらを「常識のウソ」「常識の非常識」と呼んできました。勿論ここでは住まいと建築に関することだけに絞っての話です。

例えば、「木造住宅は価格が高い」と断定される方が殆どではないでしょうか。確かに昭和55年木材の供給量不足から高騰しました。しかし現在は戦後の植林材が成木になり蓄積量が4倍になったので、価格は当時の約60％と安定しています。また輸入材が70％もあり価格は大変安くなっています。そこで代表的な構造別の平均価格ですが、同じ規格仕様で比較します。木造を1・0とした場合、鉄骨造が1・3倍、鉄筋コンクリート造が1・6倍と言われています。ですから木造が一番安いのです。さらに、価格以外にも一番長寿命であり、人と大変相性が良い性能を沢山持っています。理由は私たちと同じ生物だからです。これらも後述いたします。

また「木造は地震に弱いから危険」「木造は火事に弱い」「木造は強度が低い」「木は腐りやすい」と鉄骨造や鉄筋コンクリート造に比べて劣っていると決めつけている人が圧倒的に多いですね。本当にそうでしょうか。この常識も正しくはありません（第4章で解説）。

さらに昔から言われてきた極め付けが有ります。「家づくりは3回経験しないと本物を得られない」という世間の常識が今もまかり通っています。これは余りにも問題だと思いませんか。提供する業者が悪いのか、それとも買う消費者が問題なのか、どちらが悪いのでしょうか。私はどっちもどっち、双方が問題だと言ってきました。家を買って「こんな筈ではなかった」と、後悔する人が今も余りにも多い現実があるからです。という事は、この常識は今も生きているという証ですね。この非常識を打破したくていい家塾を創立したのです。

「ええェ！　そんなに体験しないといけないの？」と、疑問を持ち、勉強される方は救われる方です。お金が有り余っている方はまだ良いのですが、ローンを組む方は悲劇ですね。ローンが終わる前に建替えなければいけない悲劇に遭遇するのです。いい家塾では「良品と悪品を峻別できる、賢明な消費者の輩出」を活動目的の一つに掲げたのも後悔する人をなくすためです。当塾の創立の原点がここにもあるのです。

また、業者からこの家は「建築基準法をクリアーしているから大丈夫です」と言われて、安心して買ったら欠陥住宅であったという悲劇も後を絶ちません。また、この建材はF☆☆☆☆（フォースター）だから安全と思い込んでいる人も多いですね。

第1講のこの日、2種類の壁紙と言われるサンプルを配布しました。そして屋外に出て火をつけて燃やしてもらいました。一つは土佐和紙です。木の繊維でできた本当の紙なので赤い炎で煙やにおいもなく燃えました。他方は真っ黒い煙をだし、強いにおいが発生しました。明らかに紙ではなく、石油由来の化学物質であるビニールです。しかし、このメーカーも販売業者も「壁紙」と堂々とTVや新聞で広告しています。施工業者もビニールクロスの見本帳を持ってきて施主に壁紙を選んでくださいという。これはVOC（揮発性有機化合物）を発散する有害建材なのです。シックハウスの元凶の一つである危険な商品です。しかしこのビニールクロスにもF☆☆☆マークが付いているのです。※これらは火災発生時においても、多くの死者が出るケースが有りますが、その多くは火傷ではなく有害物質の暴露で毒ガスによる窒息死です。ではなぜF☆☆☆が付いていたのに安全ではないのか？　という多いなる疑問を抱きますね。第1章シックハウスのなかで種明かしを致します。この文章を書いた数日後、次

※Fはホルムアルデヒドが対象ですが、他にも有害物が多数存在します。

のような出来事が有りました。

5月20日夜10時、あなたの家を魅力的にする。壁紙5000種類床材も4000種類、驚きのインテリア会社という番組案内記事にひかれテレビを興味深く見ました。S社というこの会社の紹介番組で、各部署の紹介で担当社員が商品をPRしました。特に「壁紙」に注力していて5000種類の商品が有り、見本帳に30億円投入していると説明。インタビュアーの解説者も全て「壁紙」と発言していました。注目して頂きたいのは壁紙と云っている商品は「紙」ではなく「ビニール」なんです。社員は「壁紙でトップ企業です」と誇らしげに胸を張っていました。正しくは壁紙ではなく「塩化ビニール樹脂クロス」です。視聴者はどれほどこの「うそ」に気づいたでしょうか。もう一つの有力商品の「カーテン」の材質は化学繊維が殆どですから、出来るだけ天然繊維の素材を選びたいですね。

悲しい事に壁材だけに止まらず、木目の美しい無垢の木の床板だと思ったら、塩化ビニールシートに木目を印刷し、合板の表面に貼った商品が大多数を占めるようになっています。この様に壁材や床材、天井材、外壁材、断熱材などに至るまで石油化学工業製品が多数流通しているのです。家の中は95％以上が石油化学製品の中で生活していると言われていますが間違いなさそうですね。なぜそれが問題なのかは、住まいの5重苦で詳述します。また畳に於いても本物はほとんど流通していないので、よほど消費者はしっかりしないといけませんね。

【住まいは第3の皮膚】

衣類も自然素材が望ましいですね。特に素肌に着ける下着は、化学繊維ではなく自然素材をお勧めします。綿は吸汗性に富み肌触りがよく人体になじみます。

著名な建築家デヴィッド・ピアソンは、「住まいは有機的組織体に匹敵する、私たち自身の皮膚のように、不可欠な機能『保護、保温、呼吸、吸収、蒸発、調節、伝達』を遂行する『第3の皮膚』である。そして、衣服は第2の皮膚」と述べています。

私はこの説に触れた時、すぐ思い出したのはエジプトのミイラの発見記事です。三千数百年の眠りから覚め、血液型もＤＮＡも分かる完全な姿で発掘されたのはなぜでしょうか？

この様に、完全なミイラ状態で発見できたのには理由がありました。通気性のある麻と綿の包帯で全身ぐるぐる巻きにされていたこと。そして吸湿性、調湿機能がある木棺に納められていたこと。乾燥した砂地の地中深く埋まっていたので、腐る要素である水と酸素が無い砂地であったこと。これらの、好条件が存在したのですが、木や植物繊維の機能と生命力にはあらためて驚かされます。

【悪貨は良貨を駆逐する】

現代はプラスチックをはじめ、化学物質万能社会になって久しいです。確かに文明社会を進展させた恩恵も大きいのですが、物事には「光と影」が存在することを忘れてはいけません。なぜ天然素材の本物が安価に豊富に有りながら、化学物質の代替品に駆逐され横行しているのでしょうか。無害であれば何も言いません。有害物質ですから警告しているのです。当に「悪貨が良貨を駆逐」した事例です。

この、グラシャムの法則ですが、建材のみならず住宅まで悪品が良品を駆逐してしまいました。戦後の高度成長時代からこの国の住宅は、鉄・コンクリート・石油化学建材で出来た物が席捲しています。そのため、短命住宅や欠陥住宅、さらにシックハウスを造り、疾病や大きなストレスを生み多くの訴訟問題にまで発展して社会問題になっています。

【優秀な木構造建築技術の衰退の危機】

住宅に関して、行政が今後もプレハブなどの工業化住宅を優遇・推奨する事を継続するものであり、そこには世界で類を見ない大手ハウスメーカーの工業化住宅を正当化・標準化を強化する狙いがうかがえます。現在の工業化偏重の住宅政策は、世界に誇れる日本の伝統ある木構造建築技術を否定し、技術の衰退を助長しています。

地域で優良な住宅を支えてきた零細な工務店の存続を圧迫し、素晴らしい日本の木構造技術が消滅していく危機です。当に「悪貨は良貨を駆逐」しているのです。なにより、住宅はＯＮＬＹＯＮＥが基本であり、常識であるにもかかわらず、世界に類を見ない画一的な大量生産・大量販売・大量廃棄の企業戦略は傲慢横暴と言わざるを得ません。企業は経営戦略として合理化、効率化という利益追求至上主義が戦後の高度経済成長を支え、世界に冠たる経済大国の地盤を確立しました。その反面、環境破壊や生命や健康を損なう多くのひずみを生み出し、社会問題になっているケースが多く存在します。

さらに日本が世界に誇る建築技術をどんどん消失させてきました。担い手の大工就業者数は１９８０年９３７千人、内60才以上が７％であったのが２０１０年は３９７千人と激減し、60才以上が27％も占めています。地方の過疎化の主因は地場産業の衰退です。この様に地域の工務店や優秀な技術職人が活動の場を失う悲しい現実があるのです。

【先人の偉業に学ぶ】

「賢者は歴史に学び愚者は経験に学ぶ」ドイツのビスマルクの言と言われる格言です。昨年節分の日に、薬師寺国宝東塔解体修理現場の内覧会をお許し頂き主催しました。先ず大谷徹奘執事から法話を拝聴しました。次に、私は、百人の参加者に「先人の偉業と歴史に学ぶ」をテーマに掲げ、飛鳥天平人の叡智の結晶であり、千三百年の命に巡り会える幸運に感謝の祈りを捧げました。創建当時のまま唯一残る東塔は10年計画で全てを解体し修理再建されます。この日は二万枚にのぼる全ての瓦と土が下されてあり、最上部の相輪も解体され水煙が作業台に並べられてありました。

水煙は天女が舞い降りる姿で、ここから下が水面ですと示し、東塔を火災から守っているそうです。当に天平人の祈りを知り、眼前にした時、全身の八万四千の毛穴が開くのを覚えました。構成部材は約九千点で全てが木であり貴重な情報を持っている。7割が再利用され3割が新材で修復するそうですが、改めて木の生命力に圧倒されます。

この東塔から最も学ばれた偉人がいました。あの最後の宮大工と言われた西岡常一棟梁その人です。法隆寺の大修理を終えて薬師寺に請われてきたのは薬師寺の再建復興のためでした。文献資料も図面もない中で、唯一残っていた東塔が全ての手がかりであったそうです。全ての部材を実測し、形状をスケッチして原寸大1／1の図面を描いたと言います。気が遠くなるような作業からこれを基にして金堂、西塔、大講堂など薬師寺白鳳伽藍が平成の世に再生建立されたのです。

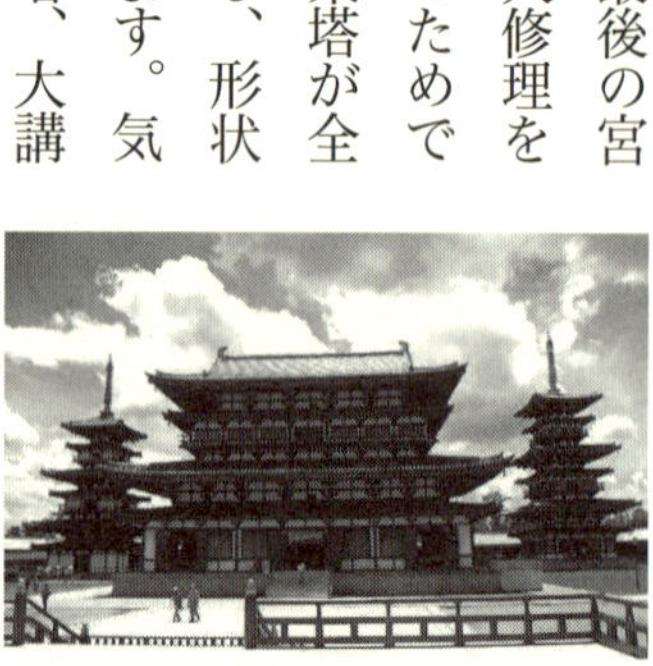

薬師寺。左から東塔、金堂、西塔

映画「鬼に訊け」

「宮大工西岡常一の遺言」が完成し公開されました。素晴らしい内容と出来栄えでしたので24年、25年に3回上映会とシンポジウムを開催しました。トークセッションでは、パネリストに薬師寺安田暎胤長老、同映画監督の山崎祐次氏と私が棟梁の足跡やエピソードを語り合いました。

「鬼」と称せられ法隆寺の大修理、薬師寺の伽藍復興に一生を捧げた匠の生涯を描いたドキュメンタリー映画ですから大好評でした。西岡棟梁は「千年の檜には千年の生命がある」「木は鉄より強い」と断言しています。千三百年の木造建築に関与してこられた匠の証言だけに真実の重みがあります。

さらに、現在の速さと量だけを競う模倣だけの技術とは根本的に異なる、日本人の古の叡智と指針を建築物を通して繋いでくれました。西岡棟梁

映画「鬼に訊け」上映とトークセッション

が千年の時間を想うのは、現代文明に対する反論であり、現代の建築物や関与者に対する厳しい苦言であり、警鐘であると受け止めました。同じ奈良県人として、私は棟梁の教えを家づくりに伝承すべく「いい家塾」を創立したと自負しています。

【木と鉄とコンクリートの強度比較】

皆さんの常識では、木は鉄やコンクリートより弱いと思っていませんか？

そう思っている人が殆どですが、実は、この常識も非常識なのです。

「比強度」これは重さが同じ条件で3種類の測定値で強度を比較したのが次の実験結果です。

A、引っ張りの強さに関しては、杉は鉄の4・4倍、コンクリートの225倍の強度がある。

B、圧縮の強さに関しては、杉は鉄の2・1倍、コンクリートの9・5倍ある。

C、曲げの強さにいたっては、杉は鉄の15・4倍、コンクリートの400倍もあるのです。

木材の比強度は、他の材料より圧倒的に強いことが分かります。つまり、木材は軽い割には強い材料なので、より少ない材料で強いものをつくることができるのです。

当に皆さんが思われていた常識が、少なからず非常識であったのはないでしょうか。このように私たちの周りには思い込みの間違いや、安心安全や正当を主張しながらウソが余りにも多いのです。この現実を直視し、誰かが警鐘を鳴らさなければいけません。その主役は、私たちが賢明な消費者になり、悪品を排除することで健全な消費社会を構築できると思います。これらの大問題を提示し本書で解明してまいります。

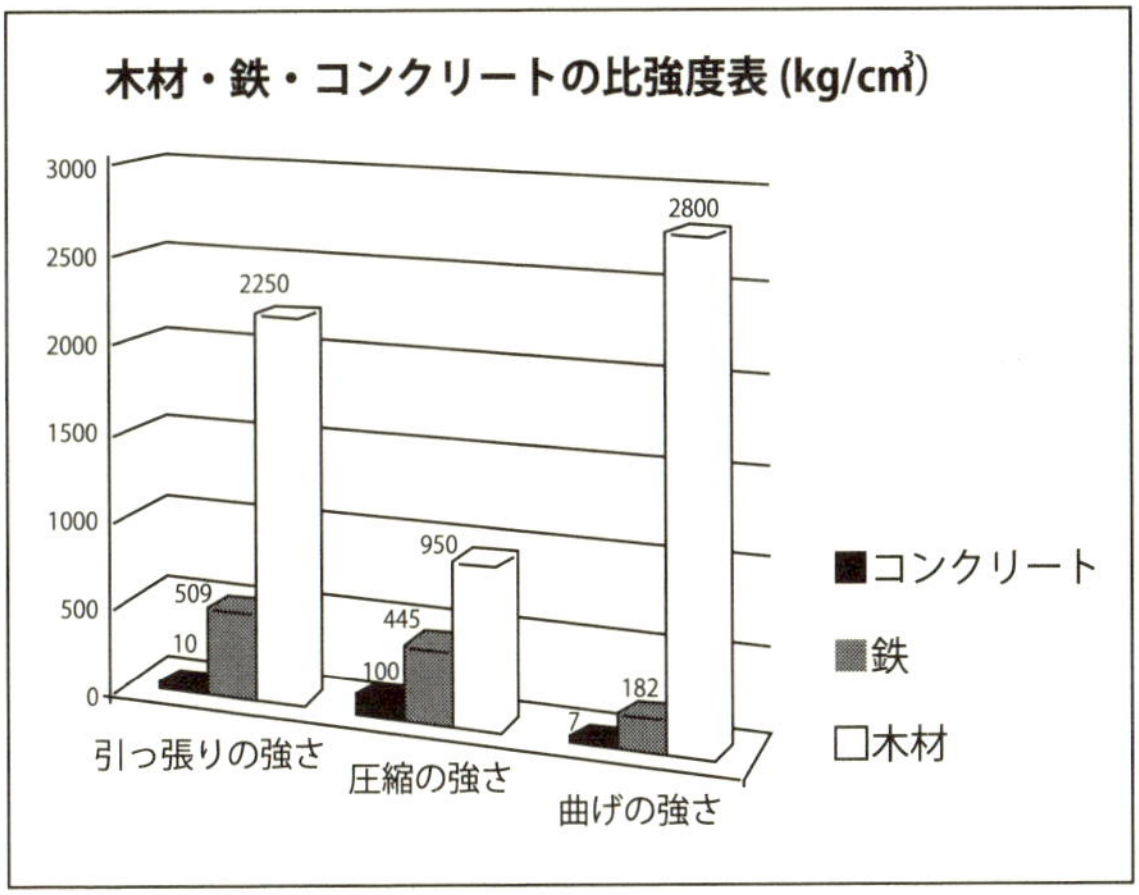

【常識の参考書】

私の大好きな作家、曽野綾子さんは常識（正論）の達人だと尊敬しています。著書「風通しのいい生き方」（新潮新書刊）は、難しい人間関係の風通しを良くする極意を「いい住まい」を事例に解説してあり、素晴らしい啓蒙書です。私は、これぞ人生の指針と受け止めました。昭和6年生まれの曽野さんには、益々ご健勝で御健筆を祈念いたします。

ポイントを曽野さんの著書から抜粋します。

「たいていの世間の人たちは、自分の家に不満を持っているというが、実は私は、今自分が住んでいる家にはほとんど満足している。こういうことを言うと、「お宅はお金がおありになるから」とか「贅沢な家をお建てになれば、不満もないでしょうよ」などと言われるだけであるがそうではない。

階段は、設計段階でスペースとお金が不足していたのでかなり急になった。その家が本当に裕福か、そこそこ貧乏かの度合いは、軒の長さと階段の傾斜でわかると私は思っているのだが、その見方で言えば、我家の階段はかなり貧乏な家の基準に合致する。

「家について母がいつも言っていたのは『風通しが悪いと、家が腐り、住む人も病気になる』と母は信じていたので、一部屋に必ず二面以上開口部を取って、風通しをよくする事だった。私はこの教えをよく守って家の設計をした。『出来たら十文字に風が吹き抜けるような家がいい』と母は言ったことがある。現在、築五〇年以上たつ我家だが、台所に立つと確かに風が前後左右から吹き抜けてゆく。『家は風通しが良くなくちゃだめよ。しかも東西南北十文字に風が交差しないとね』」と。

我家に満足されていることの真実はお母様の家づくりの教えを実行したからであるという。お母様は学問の世界では教えられない、いくつもの感覚的な助言を残してくれたと曽野さんは述懐されています。

これらは、当に至言であり理にかなっています。階段は予算の関係で狭い場所だと急勾配になります。当塾では、普通は14段ですが曽野さん宅は12段かも知れません。

余裕がある場合、ゆったり昇り降りするには16段にします。

また、四季のある日本では、太陽の高さと角度が違います。軒や庇《ひさし》は太陽の熱や光をコントロールする大切な建築部位ですが、最近の建物はこれらが省略されているケースが多くて問題です。通風の大切さは、曽野さんのお母様の教えが常識ですが、最近「高気密高断熱」という業者本位のご都合主義が喧伝されています。これも常識の非常識なので第6章「断熱」の段で解説します。

太陽の熱や光、風の道など自然の恵み、その恩恵を活かす工夫はいい家造りには欠かせない大変重要なテーマですので講座で授業しています。本書でも詳述いたします。

6月8日、16期生の椎名邸の完成見学会と竣工引渡し式を開催しました。30名の参加者が驚いたのは、真夏日のこの日、外気温が31度の午後1時から4時までの間、室内はひんやりと涼しかったことです。誰もハンカチも扇子も使っていません。1階も2階も家中を風が縦横に吹き抜けていく。勿論エアコンは一切使っていないのにです。

参加者はいい家塾の家づくりに感動して下さいました。当に、いい家とは「ＯｎｌｙＯｎｅの住み心地のいい家」、住み心地のいい家とは「夏涼しく冬暖かい健康住宅」と定義しています。私たちはこの様に言うがごとく実践実行しているのです。第４章「木造の家はなぜすぐれているか」「風通しの良さ」を実現する窓のいろいろで解説します。

椎名邸は第９章「卒業生の、いい家ができました」（その４参照）

家づくりは奥が深い一大事業です。子から孫へ、子々孫々に、絆と命をつなぐ大切な事業です。どうか嬉しいはずの慶事を「こんな筈ではなかった」と、後悔しないように、いい家づくりを実現してください。そのことを願ってやみません。

そんな、悲劇をなくすために、２００３年、ＮＰＯ「いい家塾」を創立し、翌年、講座を開設しました。受講生から「常識の非常識」「常識のウソ」を知りました。「目からうろこです」と、喜んでくれています。卒業生と在校生で５５０名になりました。

高い評価をいただきました前書「後悔しない！いい家づくりの教科書」～家族の健

康を守る家を建てるために〜 これは女性が家造りに主体性を発揮してもらいたくて、主婦の友社刊にしました。続きまして、今般、第2弾はＪＤＣ社から本書を出版致しました。

前書は塾生のＯＢから少し甘口だと指摘されましたので、本書は私の主観を添えて中辛にしました。

後悔しない家造りの教科書Ⅱ

「いい家塾の家づくり」

〜住み心地のいい家とは「夏涼しく冬暖かいし自然素材の健康住宅」〜

本書は、家づくりの実行前に知っておきたい多くの問題点を網羅致しました。さらにその解決策も提示しました。簡潔に「問題提起から解決策その成果物」までと銘打って纏めました。「後悔させない、いい家づくりの種と仕掛け」＆「肝」を満載しましたので、きっとお役に立てると信じています。

「目からうろこ」「その通りだ！」と膝をぽんと打っていただけたなら、あなたはきっと「住み心地のいい家」を手に入れてくださり、幸せを実感していただけるでしょう。

その家は、長寿命で資産価値のある健康住宅であることが、当たり前であり常識ですね。

当塾の合言葉は「家、笑う」です。「笑う門には福来る」という諺があるように、幸せの原点は家族が健康で笑いの絶えない家だと信じています。そんな家族が笑う家づくりを、皆さんと一緒に進めていくのが、私の使命だと感じて当塾を開設しました。

実は講座で私が「家」と言えば塾生が大きな声で「笑う」と合言葉を唱和してくれます。

いい家とは「住み心地のいい家」と定義しています。ちょっと抽象的なので第7章で詳述します。

「一所懸命」

私の人生にあって、40年間を日本の住環境の向上、とりわけ「いい家づくり」に傾注してきました。筋金入りだと自負しています。

どうか最後まで読んでいただき、あなたにとっての「いい家像」を明確にイメージしてください。そして「住み心地のいい家」を獲得して下さい。本書が、そのお役に立てればうれしい限りです。

幸運を祈ります。合言葉は「家、笑う」です。

人が好き。
子供が好き。
木と家が好き。
そして美しいこの国が大好きです。
趣味は「人の喜ぶ顔を見ること」
性格は「ドがつく世話好き」
一所懸命の釜中　明です。

後悔しない家造りネットワーク
一般社団法人《いい家塾》代表理事　塾長・釜中　明

問題提起

第1章　こんな筈ではなかった「住まいの五重苦」

問題とは、何か

問題とは、「当事者が認識しない限り存在しないものであり、正常方向から逸脱した状態をいう」。

私は、この問題の定義に出会ったとき自責の念で脂汗が出たのを思い出します。本業である経営コンサルティングの多くの場面で解説し、顧客企業の改善改革などに役立ててきました。

序章で「あなたの常識は正しいですか」と尋ねましたが、第1章、第2章でも後悔しない家づくりの為、皆さんが気付かなかった多くの問題点を明らかにします。

次に、それらの解決策を提示します。その結果として、良き成果を例示して本書を構成致しますので、最後までお読みいただきお役立て頂ければ幸いです。

問題提起

震災被災地の今「仮設住宅は厳しい冬」

季刊誌「いい家」平成24年正月　新年号　VOL：16　巻頭言より

あの日から10ヶ月が過ぎましたが、被災地の皆様はどの様なお正月を迎えられたのでしょうか。東北の冬は雪も深く厳寒にさらされます。

国土交通省によれば、要請された仮設住宅は約６万戸だったそうです。どうやら数的には充足できたようですが問題は質です。私は、２０１１年６月にファミリーホーム開設のため訪問した宮城県東松島市で、建設中の大規模仮設住宅群を見ました。軽量鉄骨工法のプレハブ住宅です。７月下旬に再訪した時には一部入居されていました。住み心地は如何ですかと尋ねてみました。「避難所だった体育館に比べればプライバシーが確保できたのでありがたいです。しかし、とても暑く睡眠時間が短くて体調が優れません。両隣の声や音が響いて神経質になっています」と、重い口を開いて下さいました。さらに、高齢者が多いだけに冬期が心配です。

長岡技術科学大学の木村悟隆准教授が中越大地震の２００８年時に建てられた仮設住宅の寒冷地における問題点を「仮設住宅の居住性」として報告書にまとめています。大きな問題点は「夏の暑さと冬の寒さと結露」だと指摘しています。鉄骨の一面は外に反対面は室内に露出するので、鉄骨が熱橋（ヒートブリッジ）となります。そのため夏は外気を伝えて高温になり、冬は寒いので暖房で暖めた室内が結露します。滴り落ちるほどの結露でカビが大発生し健康被害が心配されたと言います。

当にご指摘どおりで、カビは万病の元ですから要注意です。新聞報道（河北新報）では「仮設住宅の柱が結露し床に水がたまり、寝る時は布団の下に新聞紙を敷かなければならない」「仮設だから仕方がない」と、あきらめ顔で答えられたと言います。多くを製造したＤ社やＳ社等の大手プレハブメーカーは、この様に質的な改善や改良は全く施していないのです。

「コンテナーの仮設住宅が出現」

宮城県女川町に海上コンテナーを積み上げて2～3階建ての仮設住宅が１８９戸出現しました。業者の特徴や長所の説明によれば「コンテナーは耐震性が高い上、断熱性、遮音性の高い住宅となる」と書いています。果たして真実でしょうか。荷物を詰め込んで8個（段）船に積み上げる通い箱ですから強度は有ります。しかし鉄の箱ですから断熱性、遮音性に大きな欠点があります。まずコンテナーの構造は、４本の鉄骨の柱に波型の分厚い鉄板で5面を囲い、床面だけが木質です。高さと幅も問題です。

私は26年間、世界一コンテナーを製造していた東急車両製造（株）に床板を納品していたので良く知っています。鉄は木の３００倍も熱伝導率が高いので、夏は熱く冬は寒いのです。さらに音の伝播率も大きいので音が響きます。住まいとしては、厳しい条件が揃っています。普通の住宅でも、クレームのワースト3は断熱・結露・音です。当時、東急車輛からコンテナーを活用する相談を受けて共同研究をしましたが、住宅に転用は不適格という結論でした。今回、鉄の箱が住居として居住性能を確保出来ていることを期待します。

吉報　木造戸建て仮設住宅が登場

救いは、奇跡の1本松で有名になった岩手県陸前高田市のオートキャンプ場などに木造仮設住宅93戸が建築されたことです。地元の気仙杉を使って、木の香りと温もりのある住み心地のいい家です。木は吸湿、調湿性に優れており断熱性が高いので結露しません。住田町と地域の森林組合や工務店などの第三セクターで実現したそうです。木村准教授によれば「柱は木、内装も木や石膏ボードで断熱性に優れていて結露しませんでした。中には震災前に住んでいた家より温かかった」という居住者も居るそうです。

価格も安く、人と同じ生き物の木は人体に優しく美しいです。国土の約70％が森林のこの国で、なぜ再生可能な自然素材の木材を活用しないのでしょうか。山村から限界集落を無くし、国土保全のためにも、一般住宅と仮設住宅も国産材の使用を行政に強く要望します。

「巻頭言　了」

問題提起

「仮設住宅、震災から3年半の惨状」

2014年6月11日、大震災から3年4か月が経過したのを機に、NHKが仮設住宅の現状を放送していました。現在も仮設生活を余儀なくされている人は9万人に上るそうです。住人の大きな悩みは、建物の修理と健康問題だそうです。入口の合板の板が腐り危ないので取り替えて欲しい。雨漏りがして床がぼこぼこしているなど等。健康状態は、咳き込む人が多く、呼吸器障害を持つ人が多いそうです。これは、床のカビが原因で、アレルギー疾患の患者さんが多いと言います。専門家の解説では、一般住宅の50~100倍のカビが部屋の空気中に浮遊しているそうです。この団地の137人の内、32人が呼吸器障害の同じ症状だと報告していました。先に書いた河北新報の記事が当に裏付ける結果となりました。カビは万病の元ですから、この章と、第4章&第6章「結露」の項で解説しています。

プレハブの仮設住宅の貧困と問題点を先に書きましたが、わずか3年でこれほど大きな障害が出るのには驚きました。阪神淡路大震災の時の、仮設住宅の貧困さが改善されていませんでした。この様な欠陥商品が被災者を苦しめている現状に、私たちは如何に対応すればよいのでしょうか。

川柳

「みないらん　地震、雷、火事、津波」
「津並《つなみ》姓　呼ばれるたびに　どっきりと」
「は〜るよこい♪　いつまで待っても　遠い春」
「今生で　南海トラフ　会いたない」

遊楽

「こんな筈ではなかった」

「ハウスメーカーの戦略」新築＆リフォーム＆建替え　ワンセットのシナリオ

拙書の購読者から「いい家造りの教科書」を数回熟読した後、現在の住まいについて相談に来られた方がいます。

築17年のＨハウスに住む島村さんから深刻な悩みの相談でした。

屋根は平らな陸屋根で、延べ床面積２００㎡の2階建ての2世帯住宅に住んでおられます。兎に角、夏は暑く冬が寒いそうです。そして断熱が全くできていないと思うし、どの部屋も冬は結露でアルミサッシのどの窓も水滴がびっしりだそうです。また、壁はビニールクロスで床は合板のフローリングなので、自然素材に変えたいと希望されました。

長年冬の寒さに耐えかねて、先日この会社にリフォームの相談をしたところ、２千万円ぐらいかかると見積もりされたそうです。さらにこれ以外に、「屋上の防水も悪くなっているので２４０万円必要です」と平気で言われたと。

また、ガスの配管図等、保存されてなく図面が無かったそうです。

数年前に、外壁のＡＬＣ（軽量発泡コンクリート）の目地の改修をしたばかりだし、「なぜ、こんなに早く住みにくくなるのか」と、大きなため息でした。

そして、改善の為のメンテナンスに、新築が出来そうなほど大きな費用が掛かることにショックを覚えたそうです。

今、17期生として改善策を勉強しておられます。基礎の講座では、自宅の基礎が随分手抜き工事であったことに気づいたそうです。上場している一流企業だからと、信頼していたが期待が裏切られた。不具合がどんどん出てくるので腹立たしい事ばかりですと言われます。19年前に「いい家塾」が在ったら良かったのに、と残念がられました。

また、築21年の同じく、Hハウスに住んでいる川島さんからも、夏は暑く冬が寒すぎるという深刻な悩みを披瀝されました。ハウスメーカーの戦略は、「新築後はリフォームをし、30年未満で建替え」というセットのシナリオができているようです。

問題提起

「住んでみて不具合に気づいた本山さんの話」

いい家塾の５期生の本山さんから、今お住まいの家をリフォームしてほしいと依頼がありました。軽量鉄骨造２階建て陸屋根で１９４㎡もある大きな家です。隣接して30坪程増築してほしいとの希望も聞きました。

打ち合わせのために下見にうかがった際に、リフォームと増築を希望されている理由をお聞きしたところ、部屋の使い勝手が悪いので間取りを変えたいことと、モノが多いので収納スペースを増やしたいとのことです。そういえば、広い家なのに部屋の中はモノであふれています。この家は築14年で、大手Ｓハウスのモデルハウスだったのを買われたそうです。モデルハウスを買った理由は、展示場で見たとき格好良かったのと、定価より安かったからだと。そしてなによりも、モデルハウスなのだからきっといい家だろうと思ったそうです。

「なるほど、なるほど」とメモをとりながら打ち合わせを進めていたのですが、気になることがありました。その日は初夏の陽気で少し汗ばむ程度の気温でしたが、本山さんの家の玄関前に着いたときは、大阪湾からの風が心地よい、比較的さわやかな日でした。ところが、案内された応接間は、エアコンと扇風機がフル稼働しているのにとても暑いのです。奥様にそれとなくたずねてみると、「この家、夏は暑く、冬が寒いんですよ」と嘆かれました。また、音が響くことにも悩まされていました。とくに、風のある日は建物がゆれたり、気持ちの悪い音がするそうです。

実際、鉄骨造は夏暑く冬寒いものなのです。鉄の熱伝導率は木の300倍で熱がよく伝わるからです。その上、調べてみると本山さんの家には断熱施工がほとんど施されていませんでした。また、鉄骨造は音の悩みも避けられません。音の伝播率も大きいので、音が響き渡ります。

ここは郊外の自然に大変恵まれた環境です。ゆえに、「夏涼しく冬暖かい健康住宅」をつくるには、この自然を最大限に活かす工夫が必要です。例えば窓の位置は、家の中に風の通り道ができるように、計算をして決めなければなりません。また、窓には必ず庇《ひさし》をつけます。庇の角度と長さは、四季の太陽の高さを考えて設計します。このように、家づくりのポイントは「夏の暑さを旨とすべし」という、先人の教えに凝縮されているのです。

診断の結果、現在の構造のままでは使い勝手以前の暑さや寒さなど根本的な悩みの解決は難しく、費用対効果の点からもリフォームはやめて建替える方向で答えを出しました。リフォーム程度では解決できない問題だったのです。建替えに必要な大きな出費は、最初に家を建てるときに正しい知識と選択眼をもっていれば、避けられた出費です。この本山さんの苦い経験のように、家を買ったり建てたりしてから不具合に気づき、後悔する人がとてもたくさんいるのです。

川柳
「家づくり　夏の暑さを　旨とする」
「果報待ち　ずっと寝てたが　来なかった」
遊楽

問題提起

「家は買うものではなく、つくるもの」です。あなたの感覚はどっち？

新しく開発された住宅地の新築住宅。これらを見ていると、「こんな家がほしいな。こんな家に住みたいな」と素敵な未来をあれこれ想像しますよね。でも、先の島村さんや本山さんが失敗したように、家を買ってから後悔する一番の原因は、家を建てる前に想像していた夢やイメージと、実際に暮らしてみて直面する現実との間に、大きなギャップが生まれてしまうことです。

大金を投じて購入するマイホームですから、宝石やクルマを買うとき以上に、皆さん慎重になると思います。いくつものモデルハウスに何度も足を運び、パンフレットを見比べ、自分なりに納得するまで調べて、大きな覚悟をもって「家を買う」方がほとんどでしょう。絵空事のような夢やイメージだけで決めているとは、誰も思っていないはずです。

しかし、「家を買う」という感覚である限り、実際に暮らしはじめてから、「えっ、こんなはずでは…」と後悔する恐れはなくなりません。

なぜか。それは、家は本質的には既製品であってはならないからです。既製品を買って、それに家族の暮らし方をあわせるようでは、豊かな暮らしは実現できません。それに、家族が健康で快適に暮らしていくための品質が保証されているかどうかが、既製品ではよく見えないからです。

健康で快適で豊かな、あなたの家族だけの暮らしを実現したいのなら、「家はつくる」ものでなければなりません。

建売住宅やマンションはまさに既製品なので、「家を買う」しかできません。ハウスメーカーのプレハブ住宅も、自由設計をうたいながらも、限られたプランを選択する程度のものも多く、まだまだ規格化されていて、私の思う「家をつくる」というにはほど遠いものです。

いずれにしても、「家を買う」という認識から脱却して、「家は買うものではなく、つくるもの」という認識に切り替えていくことが、いい家づくりの基本です。

問題提起

家族の個性にあわせた「オンリーワンの家」であるべき

家族の暮らし方や生活条件がそれぞれ異なるように、家も1軒1軒、千差万別であるべきです。家族は何人で、どんな暮らし方をして、子育てはどうするのか。どのような広さや間取りが必要なのか、など。家づくりにおける、このような条件を希

狭い土地を有効に活用する方法として、採用されたスキップフロア

望条件と言います。

一方で、さまざまな制約もついてまわります。中でも一番大きな制約条件が予算です。いくら希望をかなえたいと言っても、ない袖は振れません。すでに土地を持っている方は、その土地も制約条件となります。地盤の強度はどの程度か、広さはどれくらいで、どんな形をしているのか、どちらの方角が道に面しているのか、陽あたりは良好か、高地にあるか低地にあるか、など。同じ条件の土地は2つとして存在しません。また、法的な制約条件も避けて通れません。土地には用途地域というものが決められていて、それによって容積率や建ぺい率が定められており、従わなければいけません。

このように、さまざまな制約条件のある中で、できるだけ希望条件を満たすには、1軒1軒、「家をつくる」しかありません。

「いい家塾」では、それぞれの家族の条件にあわせた、世界に同じものが2つとない住まいを、「オンリーワンの家」と呼び、家づくりの原則としています。「オンリーワンの家」を造れば、「帯に短し、タスキに長し」という不満は生じませんし、暮らし始めてから後悔することもありません。品質も納得づくです。いい家とは、あなた自身がつくるものなのです。

問題提起

「いい家」は、あなた自身がつくるもの

とはいうものの、建築知識もない、大工道具を持ったこともない方が家をつくるなど、現実的には不可能です。ではどうすればいいのでしょう。

答えはシンプルです。私たちが持っている、ある強力な〝武器〟を使えばいいのです。

その武器とは、「知ること」。

家づくりに必要な正しい知識と最新情報を知る

ご自身の感性にあわせて納得のいく家づくりをされた千里山の家

ことです。

皆さんも、ハウスメーカーのパンフレットやモデルハウスから、家に関する知識や情報をたくさん身につけていることと思います。住宅雑誌や家づくりの本を購読している方もいるでしょうね。では、そのようなものから得ている知識や情報とは、どんなものでしょう？

「最新の住宅機能」「流行の間取り」「書斎やキッズルームのインテリア」「スタイリッシュなキッチン」「照明器具のデザイン性について」など。最近特に目につくのは家そのものではなく、スマートハウスといい、消費電力のデーターや「外出先からエアコンやお風呂にスイッチＯＮできます」などＩＴ機能の売り込みが目立ちます。

家づくりで皆さんの関心が高いのは、そういったところではありませんか。

しかし、実際に家をつくる段階になっても、家づくりにおける重要なことを知らない人が多いようです。

「どんな地盤につくられるのか」「どんな構造をもつ家なのか」「天井、床、屋根、床下、壁の中に、どんな素材が使われているのか」「それらの素材が何を原料につくられているのか」…

家族が毎日過ごす場所なのに、どんな素材で、どのようにつくられるか、ほとんど知らない。家の中身ではなく、表面の情報ばかりに目がいって、住まい選びをしている状況なのです。これは、知ろうとしない私たちにも問題がありますが、住まいに関する性能表示がまだまだ充実していないところにも大きな問題があると思います。

あなたの家です。流行や最新設備にこだわるな、とは言いません。しかし、構造や素材は、それ以上に住む人の健康や生命にもかかわる重要なことなのです。それこそが住まい手が本当に知らなければならない知識や情報です。こうした知識や情報を会得すれば、自立して家づくりを考えられる〝強さ〟を身につけることができます。「学び、考え、自分で決めていく」ことこそ「あなた自身が家をつくる」ということです。「知」を武器にして、あなた自らが総監督となって、ほしい家をつくりあげていくことこそ、いい家づくりの基本なのです。

問題提起　人々を悩ませる住まいの「五重苦」

日本のあちこちに建てられている新築の家は、見た目はとてもきれいです。しかし、その外観からは想像できない「五重苦」を抱えていることが多いのをご存知でしょうか。家を買って後悔している人の多くが、この五重苦のいずれかを抱えて悩んでいます。あるいは、全部を抱えて悩んでいます。外側からはなかなかうかがい知ることのできない、日本の住宅にひそむ五重苦。まずはそれを知るところから始めましょう。

【一重苦＝シックハウス】

シックハウス症候群が話題になり始めたのは、20年ぐらい前からだったでしょうか。新築の家やリフォームした家に入居後、なぜか体のだるさが続いたり、耳鳴り、めまい、動悸、皮膚炎が治らない、といった症状が続く。ひどい場合は寝込んでしまい、日常生活すら送れなくなるという事例が数多く報告されました。

シックハウスの原因は、ホルムアルデヒド、クロルピリホス、キシレン、トルエン、といった、建材に使われている石油系のVOCといわれる揮発性有機化合物です。VOCは現在、40数種類も建材や商品に使われています。これらが建材に多く含まれていると、家が完成した後も室内にじわじわと発散し、部屋の空気を汚染していきます。新築の家に入ったとき、鼻をつくツンとした臭いがすることがあります。「新築のにおいがする」と喜ぶ人がいますが、あの臭いの正体は、建材に含まれているさまざまな化学物質です。決して喜ぶようなものではなく、健康を損なう危険な臭いです。

ところが、シックハウス症候群はよほどひどい症状にならない限り、普通の疲れや体調不良と区別しにくく、気づきにくい病気です。同じ環境に住んでいても症状が出ない人もいるため、「わが家はシックハウスなのかもしれない」と疑い出すのが遅れてしまうのです。これは予測に過ぎませんが、なんとなく体調が悪いなと思いつつ、それをシックハウスのせいだと気がついていない「無自覚シックハウス症候群」の方は、相当たくさんいるのではないかと思います。

問題提起 「化学物質過敏症の恐怖」

「いのちの林檎」という、ドキュマンタリー映画を観賞しました。化学物質過敏症（CS）の主人公が、近所のゴルフ場に散布した農薬で息が出来なくなり、母と二人で呼吸のできる場所を探して車で旅に出る。まさに、生死をさまようような過酷な日々を余儀なくされた若い女性の記録です。遂に、水も飲めなくなり生命の危機に瀕した時、命を救ったのは無農薬で栽培されたりんごであったという。

上映後に、ご自身のシックハウス体験をもとに、アレルギー科の吹角医師の記念講演がありました。化学物質過敏症の患者は70～80万人と推定され、原因の59％がシックハウスでトップだそうです。吹角医師は、ご自分の家を大手ハウスメーカーのＤハウスに依頼して豪邸を新築された。入居後家族全員がシックハウス症候群から、化学物質過敏症を発症し、大変な苦しみを体験されたそうです。原因の一つが、複合板製の床の裏に防虫剤として使用されていたクロルピリホスと、床下に散布された防蟻剤としてのクロルピリホスが主要な原因とみられているそうです。

その家は売却もできず空家の状態だそうです。現在、ご体験も活かしてシックハウス症候群や、化学物質過敏症の専門医として多くの患者の治療に貢献しておられます。大阪天満橋で診療しておられるのでお悩みの方は診察をお勧めします。

いい家塾では、日本住宅の五重苦のトップがシックハウスと位置づけ、原因と対策を授業しています。常々、シックハウス症候群や化学物質過敏症の存在と恐怖を知ってほしいと云ってきました。余りにも消費者は無頓着で無防備であることに警鐘を鳴らしてきたのです。リフォームや新築の我が家に入居後、シックハウス症候群になりさらに化学物質過敏症になる人が益々増加しています。しかし、この危険な実態をマスコミは取上げません。それは原因物質の排出企業がメディアのスポンサーであるからです。

住まいには多くの石油化学製品が建材や塗料、接着剤、洗剤（第5章で）などの生活用品などに使われています。これがＶＯＣ（揮発性有機化合物）を発散させ室内空気を汚染し、シックハウス症候群の元凶になるのです。安易に高額な家や家具を買う事の怖さを、この映画は警鐘を鳴らしてくれました。「賢明な消費者の輩出」が本塾の目的です。知らない事のつけを払う事の無いよう、自己責任で「良品と悪品」を峻別する消費者になる以外、残念ながら防衛策はなさそうです。

「事例紹介」

受講生にシックハウス症候群や化学物質過敏症の方が、対策を学びに来ます。13期生のMさんが、念願のマイホームを建てられました。建物は「いい家塾」が担当しましたが、外構工事は奥様の友人に依頼されました。完成見学会に行って驚いたことに、玄関のアプローチに枕木が敷き詰められていたのです。中古の枕木ですが、強力な防腐、防虫剤等の薬剤が加圧注入処理されているので匂いがまだ残っていました。実は奥様はシックハウス症候群だと打ち合わせ時に聞いていたので、細心の注意をはらって建築してきたので大変残念でした。私は即座に造園業者に撤去してもらいました。

【二重苦＝コンクリートストレス】

たくさんの木に囲まれている空間と、打ちっぱなしのコンクリートに囲まれている空間ではどちらが快適ですか、と問えば、ほとんどの人が木の空間のほうが快適と答えるでしょう。コンクリートに囲まれた空間は何となく居心地が悪く、くつろぐことができないものです。コンクリートは命が通ったものではないので、生物である人間には馴染まないのでしょう。

コンクリートが人間に及ぼす悪影響をコンクリートストレスと言います。さまざまなコンクリートストレスの中で、一番わかりやすいのがコンクリートのもつ、あの「冷たさ」です。コンクリートの床に座ると、最初はヒヤリとするだけだったのが、だんだんと下半身が冷え、やがて全身にまで寒さが這いあがってきます。これは、コンクリートの「冷輻射」という現象が原因です。

コンクリートは、熱を伝えやすい性質を持っています。冬の寒い日にコンクリートの部屋にじっとしていると、外の寒さがコンクリートを通して室内に伝わり、体の底から体温を奪っていきます。この「冷輻射」とまったく逆の作用をするのが「遠赤外線」です。遠赤外線は体を芯から温めるのに対し、冷輻射は体を芯から冷やします。

冷えというのは、人間の体に大きなストレスをもたらします。人間の平熱は36～37度くらいですが、体温が下がると免疫機能が低下し、消化や血流も悪くなります。このところ、若い女性の冷え性や、平熱が35度台しかない低体温の人が増えていますが、そうした傾向をみるにつけ、鉄筋コンクリート造（ＲＣ）のマンションやオフィスビルの増加と無関係ではないのではないかと感じています。

問題提起　鉄筋コンクリート（RC）の宿命とコンクリートストレスとは

RC住宅の住人は木造住宅の住人より11年早死にしていたことや、出生率も低かった（大阪府下で10数年間、島根大学調査他）。これは、RCは体の芯から体熱を奪う「冷輻射」により寿命を縮めたりする多くの疾病恐怖です。

また、結露によるカビ・ダニの被害でアトピーや喘息など健康を阻害。小児喘息は大阪府が最悪で30年間で5倍に増え、年間9000人、40人学級で3人が罹患しています。

さらに鉄筋が有害な電磁波を増幅することで、電磁波過敏症や自律神経失調症やホルモンのバランスを崩します。そのため乳癌や子宮癌等、余りにも大きな有害性を知らされていません。

また、白血病など小児癌の原因だと言われています。小児癌とは15歳未満の子供がかかる、白血病や脳腫瘍、骨肉腫、悪性リンパ腫など47種類の悪性腫瘍を指します。我が国では、事故を除き子供の死因の1位となっており、年間約２５００人の子供が罹患しています。全国では1万６０００人以上の子供が小児癌と戦っているとされます。この悲しい原因は、ＲＣマンションとＲＣ校舎、及び高圧送電線の被害が大きいと私は信じています。

また、アルカリ中性化で強度が問題。酸性雨や外気が窒素酸化物による大気汚染でコンクリートがぼろぼろになります。また骨材に海砂が多く使用され、海砂中の塩分がアルカリ分を減らすので鉄筋の腐食他が指摘されています。

その他では、工期が長い事や特に重量があるため基礎工事に顕著でコストが高くつきます。また、固定資産税も木造の４倍です。

高層ビル症候群

「人間は高層ビルに住んではいけない」

東海大学医学部講師逢坂文夫医師チーム　調査結果

「A」1〜2階（低層）「B」3〜5階（中層）「C」6階以上（高層）と3グループに分けて詳細な健康調査を実施。対象者は幼稚園児から50歳くらいまでの約1600人。「C」の6階以上と「AB」の5階以下ではっきりと次の様な違いがでた。

①「妊婦の流産率」Cは24％でABの約4倍
6階以上のC（上層階）では流産率が24％にはねあがって、AB（低中層階）に比べて約4倍。

②「異常分娩率」Cは27％で木造の約2倍
「帝王切開」など異常分娩の有無も大きな開きが出た。木造1戸建では異常分娩率は14・9％。マンションの6階以上に住む女性は27％。木造の2倍近い。

③神経症・飲酒率・喫煙率も多い
心理テストでも、高層階に住む母親ほど神経症的な傾向があらわれた。飲酒率、喫煙率も増えている。

④妊婦のうつ病発生も木造の４倍
「妊婦関連うつ病」が発生する割合が４倍も高い（国立精神・神経センターの医師北村俊則氏）。

⑤高層階ほど低体温児が多い
６階以上に住む園児の体温は、下の階に住む子より低い。平熱でも36℃以下（逢坂文夫医師：幼稚園児２０００人調査結果）。

⑥高血圧・ボケが発生しやすい
高層階ほど高血圧の割合が高くなった（40～59歳、女性１５００人）また、「ボケが発生しやすい」という。

⑦運動不足、引きこもりになる

高層マンションは上階ほど外出がおっくうで運動不足になり人と話す機会も減る。

⑧頭でっかちの子が産まれる

妊婦の運動不足から胎児の出産が遅れ頭囲が大きくなり異常分娩を引き起こす。

⑨高層になるほどストレス症状が強くなる

小学生を持つ母親の緊張度は建物が高くなるほどストレス症状がでる（米コーネル大学）。高層階は地上の匂いも届かない。身近に自然が無い。生活感が無くなる。専門家は、これらが重なってストレスとなり、〝高層ビル症候群〟が発生するという。

⑩建物の揺れ、ビル酔いや強風時の激しい騒音の悩みを訴える人が多い。

◆英国政府は「6階以上の上層階に住まないように」指導している。

⑪超高層マンションの生活不可能と地下空間の水没、経験のない高層火災への対処

は困難をきわめると。「国が公表した南海トラフ地震（Ｍ９・１）＆首都直下地震（Ｍ７・３）の想定被害発表」から。

超高層マンションは大地震で耐震性能が不安。
①長周期の「ゆっくり地震」の揺れにビルが共振した時が一番恐ろしい。
②政府は超高層ビルの耐震強度を「30階建てで、幅２ｍの振幅に耐えれば合格」としているが、名大や京大の研究では「ゆっくり地震」で30階部分では、４ｍ以上60階なら８ｍ以上ゆれるという。
③液状化で倒壊の危険。ベイエリアではＭ８クラスの地震で地盤の液状化によって基礎を支える「摩擦杭」はヌカに釘と化す。
④家具に潰される危険
⑤高層マンションの火災時対策やメンテナンスを考慮せずに建設してきた。
⑥長期耐久性に疑問。致命的な欠陥は経年劣化が大きく耐久性が問題である。10年

毎に大規模改修が必要で、メンテナンスに大きな費用がかかる。宮大工の故西岡常一氏は「コンクリートは50年、木は100年」と言っていた。コンクリートは劣化が始まると補修がきかないので解体しかない。木造は改修、改築が容易で新たな命が再生できる。

〈参考図書〉「マンションが危ない」「コンクリートが危ない」
小林一輔著　東京大学名誉教授　コンクリート工学　岩波新書刊
「崩壊マンションは買わない」船瀬俊介著　リヨン社刊

「コンクリート打ち放しの家」

著名な建築家、安藤忠雄氏のコンクリート打ち放しの家が有名ですね。しかし、私は特に住まいには適していないと言ってきました。氏の有名な受賞作品に「住吉の長屋」があります。

過日、TOTOテクニカルセンターで氏の作品の展覧会が有りました。ご自身で活動報告や解説が有り「住吉の長屋」を手掛けた時のエピソードを次のように語っています。「建築の依頼主から寒さを訴えられたので、『たくさん服を着ればいい。もっと寒かったら…諦めろと説得した』と明かしたら会場は笑いに包まれた」。と新聞報道で知りました。会場の笑いを取るためだったのでしょうか?? 依頼主は、毎日の生活で真実の悩みであり訴えであったはずです。建築家として依頼主に対する対応とは信じられない無責任な言葉です。ご本人のコメントでも分かる通り、コンクリートは住宅に不適切なのです。

問題提起　「限界団地」の出現を危惧

問題は建替えです。分譲マンションの建替えは区分所有者の５分の４の賛成が必要です。団地の全棟を建替えるには各棟の３分の２の賛成が必要になります。これが至難の業なのです。２０１３年４月時点で建替えを終えた分譲マンションは全国で

137ヵ所11000戸程度です。近年急増する超高層マンションの建替え時期に数千人規模の住民はどのように合意を図るのでしょうか。また建替え時の資産価値と新築費用のギャップも避けて通れない大きな問題点です。

今後は少子化と人口減少により空家率は確実に上昇し、いずれにしても高齢者に重い負担になります。まさに都市において「限界団地」が誕生するのではないかと危惧するのは私だけでしょうか。

最大の問題はこれらの重要課題に対し「行政も住民も無関心」なことです。20年後には建替えも解体も出来ず、廃虚として放置される可能性が高いのに、今後も超高層マンション群の建築ラッシュが続いていくのは確実です。

【三重苦＝断熱】

住まいについての重要なキーワードのひとつが、「断熱」です。断熱をどうするかで、人生が変わるといっても過言ではないでしょう。

断熱とは文字どおり、「熱を断つ」ことです。具体的には、夏の暑い外気や冬の冷たい外気が家の中に入り込まないように建材などで遮ることです。

昔の日本の家屋は、庇《ひさし》や縁側を設けて、太陽の光や熱をうまくコントロールしてきました。また、風が良く通るように、構造や間取りを工夫してきました。自然の恵みをうまく採り入れて、快適な環境をつくってきたのが日本家屋の特長です。しかし、夏の猛暑や冬の極寒を防ぐためには、それでも十分ではありません。ましてや、採光や風通しを考慮せずに建てられたような家では、夏はクーラーが効かず、冬は底冷えから逃げられません。

当塾のモットーである、夏涼しく冬暖かい快適な家をつくるためには、自然の恵みを活かしつつ、同時に最適な断熱を施すことが大変重要になるのです。ただし、適切な断熱を施さなければ、断熱効果があがらないだけでなく結露を招いてしまいます。断熱と結露は切っても切れない関係なのです。

また、最近では、断熱効果をあげるために、「高気密・高断熱」と言われる家が登場してきました。しかし、万が一、化学物質を含む建材で建てられた家を「高気密」にしたのでは、シックハウスの原因を充満させるのと同じです。今や、断熱はシックハウスの問題とも切っても切れない関係です。それを解決するためには、化学物質の発散しない自然素材を使った家づくりをおすすめします。詳しくは第5章で説明しています。

【四重苦＝結露】

冬の朝、目が覚めると、マンションなどでは窓にびっしり水滴がついている。ときにはそれがしたたり落ち、床や畳を濡らしている。冬の朝の日課は結露拭きから、という家庭も少なくないでしょう。結露は、住まいの宿命だ、仕方のないものだと思っている方もいるかもしれませんが、決してそうではありません。断熱材や断熱工法を適切に選べば、結露は防ぐことができます。

結露はさまざまな病気の原因となります。カビが生え、それをえさにダニが繁殖し、ダニの死骸や糞がぜんそくやアレルギーを引き起こします。当にカビは万病の元と云っても過言ではないのです。ビニールクロスの裏側、押し入れ、キッチンの裏など、目のいき届かないところにも結露は発生し、知らず知らずのうちに、カビやダニを育てています。それほど古くない家で、何か嫌な臭いがすると思ったときは、カビを疑ってください。畳をあげると青カビがびっしりと生えていて当の本人も青くなった、という事例をいくつも知っています。そんな環境で寝転がったり、赤ちゃんがハイハイをしたりしているかと思うと、ゾッとしませんか。ある医師から聞いたことがあるのですが、脳の中にもカビが生えるそうです。怖いですね。

【五重苦＝音】

住宅に関するクレームのトップ、それが「音」です。

マンションなどの集合住宅では、日常茶飯事のように音のクレームが寄せられていると聞きます。一戸建ての住宅でも、家族のたてる音がうるさくてケンカになったり、最初に紹介した本山さんのように、風の音で夜ぐっすり眠れなかったりと、何かとトラブルのもとになっています。

生活音は「お互いさま」なところがありますが、隣家の水洗の音、話し声、ときどきおならの音まで聞こえてくるようでは、精神的によくありません。豪邸に住んでいるのに、音の悩みのためにストレスがたまっているという方は案外多いものです。

音の正体は、空気の振動です。その振動をはねかえせば音は響きますし、振動の伝わる効率が良ければ音は遠くに届きます。逆に、振動を吸収し、振動を伝えにくくすれば、大きな音を防げます。

音をよく吸収するという点でも、実は、木はすぐれた素材です。床、壁、天井が木でできている部屋では音はそれほど反響しません。代表的なのはコンサートホールです。音の乱反射を防いでいい音楽を楽しませてくれます。

問題事例　外張り断熱の家の悩み

郊外の閑静な住宅地にあるこのお家は大手Dハウスの外張り断熱の家でした。玄関のドアを閉めるとバタ〜ンと大きな金属音がしたので先ずびっくりしました。ダイニングテーブルでお茶を頂いたのですが、コーヒーカップの音が響くのです。奥さんの動作がとても慎重なのです。階段の音、トイレの音、ドアの音など、家中様々な音が響き渡ると説明されました。契約時の一番のポイントが、お嬢さんがピアノを教えておられるので防音対策を約束したそうですが、音が外に漏れるそうです。窓や壁に発泡スチロールが張り巡らせてあったので聞いたら、D社が行った防音対策がこれだけですと嘆かれました。外からの音も同じく入ってきます。窓は全て常に閉めきっておくそうです。

詳細は断熱の項で後述しますが、原因は外張り断熱工法だからです。内壁断熱は柱と柱の間に断熱材をギッシリ充填しますが、外張り断熱は柱の外〔外壁の内側〕にポリスチレンフォームやウレタンの断熱ボードを打ち付けて、基礎から屋根まで途切れずぴったりと家の外側を覆ってしまう工法です。故に壁の中は空胴ですから、太鼓と同じ原理で音が良く響くのです。家自体が大きな太鼓になっているのですから、その室内は全ての音が響き渡るので悩みは深刻です。原因と原理はご理解いただけますね。住宅産業界は顧客を獲得すべく、あの手この手の目新しい物で莫大な宣伝広告費を投じてきます。消費者は自己防衛の為に「善品と悪品を」峻別する賢明な消費者になりましょう。

以上が、現代の家が抱える五重苦です。

あなたにも思い当たる節があったのではないでしょうか。逆にいえば、この五重苦を取り除くだけで、住み心地は抜群に良くなります。

いい家とはなんですかと聞かれて答えられない人でも、「いい家とは、夏は涼しく冬は暖かく、カビやダニに悩まされず、病気にならず、ストレスなく暮らせる家のことだ」

と説明すると、そのとおりだと共感してくれるでしょう。

「いい家」とは、まさにそういう家なのです。決して豪華な家ではありません。安全で、快適で、長持ちする家。家族が健康で平和に過ごせるという、平凡でささやかな願いをかなえられる家なのです。

コラム

交通事故よりも多い、家の中の事故

家の中は安心できる場所であってほしいのに、実は意外に事故が多いことを皆さんはご存知ですか？　２００８年の厚生労働省の統計資料を見ると、家の中の事故で亡くなった方の数は、交通事故で亡くなった方の数よりも多いのです。

家庭内で事故の起こりやすい場所のトップは、お風呂場です。亡くなった方のほとんどが65歳以上で、事故の発生時期は冬季に集中しています。年を重ねると、血管も弱くなりますし、高血圧や心臓疾患など持病を抱える方も多くなります。冬の寒い脱衣所から温かいお湯につかることで、血圧が急激に変化することが事故に関係していると考えられています。このような症状をヒートショックと呼びますが、ヒートショックを起こさないためには、お風呂場と脱衣場の温度差をなくすことと、お湯の温度をぬるめに設定することが大切です。また、誰かがお風呂にはいっているときは、ときどき様子をうかがうなども、事故を未然に防ぎます。

このほか家の中で起こりやすいのは、床で滑る、つまずいて転ぶ、階段から転落するなどですが、これらは段差をなくしたり、階段に手すりをつけたり、すべりにくい床材を使うなどすれば、防げる場合もあります。家づくりの際にはこれらのことも頭に入れておきましょう。

■家庭内における不慮の死亡者（厚生労働省平成20年人口動態調査より作成）

風呂場での死者（溺死）	4,079
階段からの転落・スリップ・つまづきなどでの転倒	2,560
煙・火災での死者	1,238
有害物質による不慮の中毒及び有害物質への曝露	521
その他の不慮の事故　窒息・熱湯によるやけどなど	4,842
合計	13,240

参考

交通事故死	7,499

川柳　「つまづきは　酒と女と　段差です」　遊楽

問題提起

第2章　欠陥住宅が生まれるわけ

欠陥住宅の発生と結末と対策

以後の章で、丈夫で長持ちするいい家をつくるには、どうすればいいかを述べますが、この章ではいい家をつくれなかったらどうなるかについて、ご紹介していきましょう。

知り合いに紹介された大工さんに家づくりを頼んだ人がいます。大工さんはその仕事を最後に、現役を引退するため、張り切って仕事をしてくれたそうです。おじいさんでしたがベテランだけに腕は良く、3階建ての立派なマイホームができました。

「いい人に頼んで良かった」と、喜んで暮らし始めてしばらくたった頃、その家でヒラタキクイムシが発生して困っているという相談がありました。

早速、現地へ行き、家の隅々をチェックしていると、ところどころ壁紙がよれて波打っていたり、ドアのカドの部分の壁紙がひきつれて破れたりしている箇所が見つかりました。上の階に行くと家がかすかに揺れている感じもします。

その時点でなんだかイヤ〜な予感はしていたのですが、虫の被害を確認するために壁をひらいてみると、案の定、あるべきところに筋交いがありません。3階建て以上の建物は、建築基準法で構造計算が必要と定められているのですが、その家では構造計算もおこなっていませんでした。

このケースは裁判にまで発展し、裁判所は大工さんに800万円の補修費用の支払いを命じました。しかし、そのときすでに現役を引退していた大工さんには支払い能力がなく、結局、その大工さんが親戚からかき集めた400万円で和解するしかありませんでした。

このお話をすると、必ずといっていいほど、おじいさんの大工さんがかわいそう…と、同情する人が出てきます。しかし、考えてみてください。補修費用が800万円かかるのに、その半分の額の和解金ではとうてい補修はできません。裁判をしたということは、弁護士費用や欠陥住宅であることを証明するための調査費用も必要です。その上、家を建てたときのローンも、まだほとんど残っていたといいます。万一、補修ができなければ、住んでいる人は家が倒れるかもしれないという不安を抱えながら、不完全な家のためにこの先何十年もローンを払い続けなければならないのです。

シックハウスで健康被害を受けた人は、もっと深刻です。事実上、その家で生活できない状態になっていても、因果関係の証明が難しいために、裁判をおこしてもなかなか売買契約の解除（購入代金の返還）が認められず、別の場所で暮らしながら、住めない家のローンを支払い続けている人もいます。

問題提起　欠陥住宅が生まれるワケ

建築に関わる人は、皆、いい家をつくろうとしているはずです。はじめから悪意を持って欠陥住宅をつくろうなどと考えている人はいません。それなのに、どうして欠陥住宅が生まれてしまうのでしょうか？

それには、３つ原因があります。

1つ目は、工事監理者の不在です。工事監理者とは、建築主から依頼を受けて、工事請負契約や設計図書に記された内容のとおりに実際の工事が実施されているかどうかをチェックする専門家です。不在といっても、役所に提出する確認申請の書類には、ちゃんと工事監理者の名前が載っています。そうしないと申請が通らず、工事ができないからです。しかし、確認申請の書類に形式的に名前が載っているだけの場合が少なくありません。そのような場合は、その人が本当に現場に行ってくれるかどうかはわかりません。第三者的に現場をチェックする立場の人がいないということは、ミスがあっても気づけませんし、作業も甘くなりがちです。そういうことがおこらないように建築基準法には、工事監理者は建築主自らが選定しなさいとちゃんと書いてあるのですが、実際には業者にまかせきりにして、工事監理者に会ったこともなければ、その名前も知らないという人が大半です。

欠陥住宅が生まれる2つ目の原因は、建て主の無知です。

「そろそろ賃貸じゃなくて、自分たちの家がほしい」と考え始めた人の典型的な行動パターンは、造成地や建売住宅のチラシを見て、モデルハウスに行くことです。そして、帰りにはもう仮契約をすませているなんてことも珍しくありません。その家で生活をし、これから何十年もローンを組んで手に入れる住まいなのですから、自分たちの暮らしと財産をどうやって守るか、私たち自身ももっと勉強するべきだと思います。

しかし、そうはいっても家づくりにおける施工者と建て主の関係は、プロ対素人。知識では到底かないません。だからこそ建て主の代わりに現場を監理する人間が必要で、法律にもちゃんと明記してあるのに、そんな仕組みになっていることすら知らないのです。

３つ目の原因は、施工者の能力不足です。悪気がなくても能力がなければ、失敗してしまいます。ここでいう能力とは、技術だけでなく法律の知識や業界の情報を収集する能力も含まれます。

この章のはじめに書いた大工さんは、３階建て以上の家を建てるときは、構造計算が必要だということを知りませんでした。頼むほうは、「プロにお願いしているのだから、大丈夫。ちゃんとしてくれているだろう」と安易に考えがちですが、現実にはこんなこともあるのです。

しかし、それでも耐震偽装事件以来、構造上の欠陥は減ったほうです。当塾のサポーターで欠陥住宅の調査などしている設計事務所には、地盤や基礎の欠陥、シックハウス、雨漏りなどは、今でも月に数件のペースで相談があります。

問題提起

補修に５００万円以上もかかることがある地盤が原因の欠陥

欠陥住宅というと、床にビー玉を置いて、転がる方向を見るようなシーンを思い浮かべる人もいるかもしれません。あのように家が傾く原因の多くは、地盤の不同沈下です。

地盤には硬い地盤と軟弱な地盤があります。通常、地面の上に重いものをのせると、程度の差こそあれ、少しは地面が沈みます。しかし、地盤の硬さがすべて同じならば、均等に沈むだけで家が傾くことはありません。それに対し、敷地の中に地盤の硬いところと軟弱なところがあると、軟弱なほうに家が沈んで傾きます。これが不同沈下です。

不同沈下の修正は、家の横からトンネルを掘るか、床に穴を開けるかして、基礎の真下に穴を掘って施工スペースをつくり、油圧ジャッキで家を持ちあげると同時に、鋼管杭を地面に押し込むという大掛かりなものです。押し込んだ鋼管で家を持ち上げるため、固い地盤（支持層）に到達するまで何度も溶接を繰り返します。第3章で紹介した鋼管杭による地盤改良を、建っている家の下でおこなうようなものです。最終的に家の傾きが調整できたら、施工スペースにセメントを埋め戻し、しっかりと固めます。この方法で補修費用はざっと500万円ぐらい。このほか特殊な発泡ウレタン樹脂を地面に注入して地盤を固める方法もありますが、いずれにせよ地盤が原因の欠陥は、簡単には修復できません。家を建てる前に調査して、必要ならば地盤改良を実施しておくなど、事前の対策が大切なのです。ちなみに、地盤調査費用は5万円ほど。

地盤改良費は１００万円前後です。

建てる前に気をつけなければいけないという点では、擁壁《ようへき》も同じです。擁壁とは、敷地と道路に段差がある場合、その斜面が崩れないようにコンクリートでつくる壁のことです。段差が大きい場所では、擁壁は２～３ｍの高さになります。一旦家を建ててしまってから、擁壁に不具合が見つかると、場所によっては上の家を壊して擁壁をつくり直さなければなりません。

コールドジョイントという言葉を、皆さんは聞いたことがありますか？

擁壁をつくるとき、コンクリートの打ち込み（型枠にコンクリートを流し込む作業）は強度的には1回で済ませるほうがいいのですが、高さのある大きな擁壁などでは、2度打ちしなければならない場合があります。このとき、あとから打ちこむコンクリートは、できるだけ時間の間隔をあけずに打ちこむことが望ましいのですが、最初のコンクリートが固まり始めてから次のコンクリートを打ち込むと、コンクリートが一体化せずスジ状の継ぎ目ができてしまうことがあります。これがコールドジョイントです。

コンクリートの打ち継ぎ自体は、施工上どうしても生じるものなので、継ぎ目イコール即、危険というわけではないのですが、継ぎ目にヒビやジャンカが入っていないかどうか、チェックしておくことが重要です。

以前、「擁壁の水抜き穴から茶色い水や土が出る」との相談で様子を見に行った擁壁は、コールドジョイントからヒビがたくさん出ていました。こうなると強度が非常に心配です。そこで徹底的に調べたところ、とんでもない擁壁だっ

コンクリートが均一に混ざり合っていない時にできる「ジャンカ」

コールドジョイントのヒビから泥水が液出している危ない擁壁

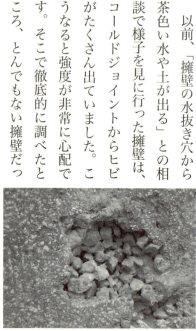

たことがわかりました。

擁壁は通常、コンクリートと土のあいだに砕石を入れて透水層をつくり、水抜き穴に直接土が流れ込まないようにしています。水抜き穴に土が詰まると、擁壁に大きな圧力がかかって危険だからです。しかし、問題の擁壁は透水層を設置していませんでした。そのため、水抜き穴から茶色い泥水や土が流れ出していたのです。しかも、その擁壁は完了検査のときに、水抜き穴の個数不足を指摘され、あとから増やした穴がコンクリート内の鉄筋を切ってしまっていました。このような擁壁は、いつ崩れるかわかりません。

これは非常に危険な状態ということで、裁判で擁壁の補修金額を勝ち取ったのですが、擁壁補修費として裁判所が認めた金額は、土地と上の建物を合わせた額よりも高くなりました。このケースは、相手業者に補修費用の支払い能力があったことが不幸中の幸いでした。これで裁判に負けたり、業者が倒産したりしていたら、個人で補修費用を捻出するなどしなければならなくなります。

解決策

「試験をやるよ」その一言が現場の空気を引き締める

こんなこともありました。雨漏りの相談があり、まず屋根を調べてみましたが、おかしいところはありません。次に壁のサイディング（外壁）の留め付け方が悪いのかと見てみても、きちんとしています。外から確認するだけではどうにも原因がわからず、思いきってサイディングを取り外してみると、雨漏り箇所の近くの外壁に防水紙が貼られていないところが見つかりました。

このように1ヶ所悪いところが見つかると、他はどうなのか心配になります。結局、周辺のサイディングをすべてはがして調べてみることになりました。防水紙がなかったのは、その1ヶ所だけでしたが、自分たちの目でしっかり確認するまでは、安心できません。

防水紙を貼る人も、あとからサイディングを取り付ける人も、作業中そこに防水紙がないことは、気がついていたはずです。それなのになぜそこだけ防水紙が貼られないままサイディングを取り付けてしまったのでしょう。真相はさだかではありませんが、作業者の気持ちがゆるんでいたことだけは間違いありません。

また、コンクリートが均一に混ざりあっていないときや、締め固めが弱いときに、砂利ばかりが集まって固まる箇所ができ、その部分のコンクリート強度が著しく低下することがあります。これをジャンカと言いますが、万一、現場でチェックされなければそのまま施工されてしまいます。見えるところにあれば指摘できますが、たとえば基礎にジャンカができていたとしても、土の下に埋めた後であれば誰も気づきようがありません。

家づくりは人間がする仕事ですから、どんなときにもパーフェクトというわけにはいきません。それに、失敗がすべて欠陥になるわけではありません。失敗したときは、すぐに適切な方法で補修すれば問題にはならないのに、見過ごしたり隠したりするから、欠陥になるのです。

工期に余裕がない。やり直す予算がない。大丈夫だろうと思った…。理由はいろいろあるでしょうが、第三者のチェック機能がうまく働いていないということが、一番大きな原因だと思います。

第三者として工事監理者をきちんとたてて、たとえば「コンクリートの受け入れ試験をやりますよ」と言っておくだけで、作業者に「ここには厳しい人がいる」ということが伝わり、現場が引き締まります。試験結果が明らかになることもさることながら、現場に緊張感が生まれる効果は大きいと思います。

解決策　基礎工事でのチェックポイント

いい家塾では、基礎工事にあっては鉄筋の太さや配筋など強度をチェックします。さらに生コンの品質検査としてテストサンプルを6つ確保します。3本が1セットで、7日目と設計通りの強度が出る2日目と2回に分けて破壊して強度試験を行います。

これらの、コンクリート受け入れ試験の費用は、2万5000円ぐらいかかりますが、これで欠陥の抑止力になるのですから、皆さんも実行されることをお勧めします。

コールドジョイントという言葉を聞いたことがありますか？　基礎をつくるとき、コンクリートの打ち込み（型枠にコンクリートを流し込む作業）は、同じ日に打設する生コンで、生コン車が一度に打設できない際に、続けてコンクリートが打設されずに時間が空いた時などに生じる現象です。不具合があればジャンカやひび割れになります。

欠陥住宅を防ぐのに、現場の写真撮影は効果がある？

では、建築主が施工現場に行って写真を撮る行為、これは欠陥の抑止になるでしょうか？　工事中に営業担当者に、「ホントに大丈夫ですよね？」と確認すること、これは抑止になるでしょうか？

残念ながら、写真撮影や営業担当者への声かけには、ほとんど抑止効果がないと思います。というのも、欠陥住宅の相談中に「施工現場で写した写真はありますか」と持ってきてもらうと、欠陥部位が写っていることが結構あるのです。

それで、「これは欠陥ですよ」と教えると、「えぇ？　でも、撮影したときは『どうぞ撮ってください』っていう感じだったから、安心していたのに」とびっくりするのです。写真は証拠として使える場合があるので、撮影自体が無意味だとは言いませんが、欠陥を抑止するという意味では、効果が薄いと感じています。

声かけについては、たとえ問題があったとしても、「大丈夫ですか？」と問いかけられて「いやぁ、ここがちょっと心配です」などと答える人はいないでしょうから、ほとんど意味がありません。

実際、専門家ではない人が工事中の欠陥を見極めるのは難しく、だからこそ、建築基準法にも工事監理はプロに頼みなさいと書いてあるのです。工事監理者は、原則として建築士の資格がないとなれません。工事監理者は建築主に代わって、現場をチェックする専門家なのですから、信頼できる工事監理者を見つけることが、欠陥住宅を防ぐ近道と言えます。

一般的には、家の設計を頼んだ建築士に工事監理までを任せることが多いようです。「いい家塾」でも、建築士が設計から工事監理までを責任もって引き受けています。設計を頼んだ建築士にお願いするのか、第三者の工事監理者を立てるのか、いずれにしても信頼できる工事監理者は、自力で探すしかありません。実際に会って話をして、ご自分にあった建築士を見つけてください。

解決策 知っていれば役に立つ法律の知識

欠陥住宅の相談にのっていると、地盤調査の話や工事監理者をたてる話など、「あぁ、建てているときにそのことを知っていたら…」とよく言われます。

その言葉には実感がこもっています。住まいに欠陥が出ると、本当に大変なのです。

住むことができなくなるほどの大きな欠陥は、補修費用も莫大にかかるため、業者を相手取り裁判になることも少なくありません。平穏に暮らしたいと思って住まいを手に入れたのに、裁判で神経をすり減らす。普通に生活をしていた人が、一転してこんな気の毒な状態におかれてしまうのです。

それでも、ここ10年ほどで、「住宅の品質確保の促進等に関する法律（品確法）」や「住宅瑕疵担保履行法」など、消費者の立場にたった法律が整備されはじめ、被害者救済の道がようやく開かれました。

「住宅瑕疵担保履行法」によって、平成21年10月以降に引き渡される新築住宅には、住宅のなかでもとくに重要な部分（構造耐力上主要な部分、雨水の浸入を防止する部分）の瑕疵（欠陥）に対して、10年間の補償が付いています。業者側で保険に入るか供託金を支払うことが法律で義務付けられていますので、万が一、業者が倒産した場合でも、2000万円までであれば保険法人から補修費用が支払われます。

しかし、できることなら被害者にはなりたくない、皆さんそう思われることでしょう。

そのためには、しっかり知識を身につけて、家づくりに取り組むことが大切なのです。

問題提起

「日本の住宅はなぜ貧しいのか」

「衣食足りて、住貧を知る」

「衣食足りて礼節を知る」昔からの教えです。実は、ここに現在の住宅の貧困が有ったのだと私は考えて「衣食足りて、住貧を知る」と言ってきました。安全に、快適に、平和に過ごしたいという、平凡でささやかな願いをかなえられる家が、なぜこの近代的な日本でつくられなかったのか。それは、私たちの人生にあって、大切な「住」が忘れられていたのです。その理由を、少しだけ説明します。

日本に家づくりの哲学がなかった

信じられないことに、先進国家日本に長い間「住宅基本法」が存在しなかったのです。

「住まいの哲学」をうたった法律が無かったのです。「建築基準法があるんじゃないの？」と思われるかもしれませんが、あれは、建築物の敷地・設備・構造・用途などについての「最低限の基準」を定めたものでしかありません。例えば、クレーム3悪といわれる「結露・断熱・音」については基準すらないのです。故に建築基準法どおりに建てられたからといって、住まいの五重苦がなくなるとは限りません。より必要なものは、守るべき最低限の基準ではなく、家づくりの「哲学」を記した法律なのです。

「いい家塾」では、「日本の家づくりに哲学をもたせたい」との思いから、「100年住宅で個人経済を豊かにし、善き家族制度を復活する運動」などを続けてきました。住宅統計調査によると、日本の家の平均耐用年数はたったの26年です。これでは、多くの方にとっては住宅ローンを払い終わる前に寿命がきて、建て替えなければならない理屈になります。おかしなことですね。住宅ローンが完済したあとも長期にわたって気持ちよく住み続けられる家でなければ、何十年ものローンを組む値打ちはありません。つくっては壊していく使い捨ての家ではなく、子どもや孫にまで残してあげられる長寿命の家、いつまでも心地よさを提供し続ける快適な家にこそ、大金を払う価値があります。

そこで、平成17年8月に次期総理大臣と期待されていた当時の安倍晋三官房長官に人間主権の「住宅基本法」の早期制定を願って「提言書」を提出いたしました。果たせるかな、第1次安倍内閣に於いて、わずか1年間の短命内閣でありましたが2つの法律が制定されました。なんと、その一つが嬉しい事に「住生活基本法」であったのです。

安全で快適に暮らせる家づくりの基本が、国の法律によって定められたのです。内容を見ると、本来の趣旨は憲法第25条が保証する「国民が健康で文化的な最低限の生活を営む権利を有する」ことの実現が目的であったはずです。しかしながら、制定当時の政策により基本法とは名ばかりで、「努めなければならない」との語句が多く、単なる努力義務を謳う「住宅供給法」となってしまっているのが実情であり残念です。

私は景観や環境、居住性能など努力目標ではなく、実現させるための政策として明記する必要があると願っています。つまり、この理念をどのように実現していくのか。いい家づくりは、行政もまだまだこれからが本番です。

問題提起　「欠陥住宅がなくならない原因はなにか」

平成22年2月20日、馬淵澄夫国土交通副大臣に「建築基本法」制定に向けて「提言書」を提出する機会を得ました。（その後、平成22年9月国土交通大臣に就任）馬淵氏に大いに期待したのは建設関係の専門家であり、この国の建設行政のあり方に精通しておられるからです。

あの耐震強度偽装事件を国会で追及したことでも実証されています。また、企業や団体から一切の献金を受けない政治家としても有名な方です。

平成21年の暮れ、馬淵副大臣から現在の基準法を抜本的に見直し、新たに「建築基本法」を制定するとの計画をお聞きしました。

私たちメンバーは「いい家づくり」に携わる者として、現行の基準法は建築現場で余りにも多くの矛盾点があることに悩んできました。

時代錯誤や制度疲労など多くの問題が存在するからです。何より、なぜシックハウスや短命住宅など欠陥住宅が後を絶たないのか？　という大いなる疑問が有りますね。実は、これらの商品の多くは合法なのです。お気づきですね!!　建築基準法という最低限の基準をクリアーしているのです。訴訟に発展する多くの欠陥住宅も消費者である原告が泣きを見るのが現状なのです。

この様に、多くの基準値が最低限の設定である事が問題なのです。もっと上位の基準値（レベル）を設定すべきなのです。これが多くの欠陥建築物を排出してきた元凶であると確信しています。

馬淵さんの言によれば、今まで検討されてきた「建築基本法」は基準法の足りない部分を埋めるだけの安直な内容だったそうです。今回は、そうではなくて「建築物、街づくり、都市計画までを含めた上位法」とする「建築基本法」を目論んでおられるとお聞きし、大いに勇気づけられました。これを受けまして、日頃住宅建築の現場で感じてきた諸問題を列挙し、その改善策や新しい提案を「提言書」としてまとめて手渡しさせて頂きました。ご参考に供していただければ幸いです。近い将来、この国の国土計画100年の体系を構築して頂けるものと大いに期待します。

川柳　「偽装され　人生設計　崩れ落ち」　遊楽

【馬淵副大臣に提言書を渡す筆者と<いい家塾>メンバー】2010・2・20

解決策

第3章

後悔しない家づくりの「重要ポイント」まず地盤から

問題提起　家を建てるなら、まず、地盤に注目！

私は講座で、「土地と建物は不離一体」といい、土地の重要性を話します。土地を購入するとき、皆さんはどんなことを気にしますか？

駅まで何分？　陽あたりは良好？　近くに学校や病院はあるの？　買い物には便利？　など、住宅情報誌でよく目にする項目ではないでしょうか？

もちろん、土地の広さや形、価格も気になりますよね。しかし、その土地が「どんな地盤なのか」までを意識している人は、まだ少ないのではないでしょうか。

実をいえば、20年ぐらい前までは、住宅メーカーや工務店、設計事務所といった専門家たちも、今ほどは地盤について慎重ではありませんでした。ビルやマンションなどの大きな建物ならともかく、一般住宅はそれほど重さがないため、地盤は重視されていなかったのです。

しかし、近年、地盤の軟弱な土地に家を建てたために、床をビー玉が転がるほどに家が傾き、壁にヒビが入るような欠陥住宅が、大きな社会問題となりました。また、阪神淡路大震災や中越地震といった大きな地震での建物倒壊などの被害を経験することで、建物の耐震性や土地そのものの「地盤の強さ」について、注意が向けられるようになりました。

悲しい経験からではありますが、住宅の品質確保の促進等に関する法律（以下、品確法）や、住宅瑕疵担保履行法など、土地を購入し、家を建てる皆さんを守るための法整備も確実に進歩しました。業界の意識もこの10年ぐらいでかなり変化しています。そのどれもが、皆さんにとってうれしい変化です。

問題提起　あなたが払わなければならない地盤改良費

品確法では、建物の主要構造部（柱・土台・梁など）に不具合が生じた場合、新築後10年間、住宅の建設業者や販売業者は、無償で修理をすることが求められています。

これを瑕疵担保責任と言います。また、２００９年10月1日からは、住宅メーカーや工務店の倒産などによって家を建てた皆さん方が被害をうけないように、瑕疵担保責任を確実に履行するための資力確保措置（保険への加入または保証金の供託）が、住宅の建設業者や販売業者に義務付けられ、補修にかかる費用を保険でカバーする制度が生まれています。

これを読めば、「へぇ、そうなんだ！　よかった、それなら安心」と、手放しで喜ぶ方もいらっしゃるかも知れませんが、安心するには、まだまだ早すぎます。

法律が定められ、業界の意識も変わってきているのは確かですが、地盤に関する法律の整備は始まったばかり。例えば、土地や建物を販売する際、販売者には、宅地建物取引業法で、不動産業者が土地購入者に説明すべき重要事項が定められています。しかし、その中に詳しい地盤情報の説明は含まれていないのです。

では、もしも、土地を買ったあとで地盤調査をした結果、安心して家を建てるためには地盤改良が必要であると判明した場合、追加で必要となる地盤改良費用はだれが払うのでしょう？　答えは、残念ながら、土地の持ち主になったあなたなのです。

「えー、じゃあ、さっきのなんとかっていう保険で助けてくれないの？」

はい。先程紹介した、瑕疵担保責任や瑕疵担保責任を確実に履行するための資力確保措置などの適用は、建ててしまったあとに、建物に不具合が出た場合の補修に効力を発揮する保険なのです。土地の問題には効力がありません。ですから、地盤のことをしっかり頭において土地を選び、購入することが大変重要になってくるのです。

解決策　土地購入前に地盤調査をする大きなメリット

では、地盤改良が必要になった場合、どのくらいの費用が必要なのでしょうか？条件や方法にもよりますが、一番多い価格ゾーンは、１００万円前後です。これだけの費用をねん出しなければならないのです。事前にわかっている費用ならともかく、想定せずに土地を購入した場合は、建築費を削ってねん出しなければなりません。建築費を100万円も削るとなると、間取りや材料に対して、相当な妥協が求められます。しかも、家づくりを始めたばかりの時点です。最初のつまずきが、こんなところに潜んでいます。購入後に地盤改良が必要だとわかっても、それを理由として契約を解除することは非常に困難ですし、違約金が発生する場合も考えられます。

では、どうすればいいのでしょうか？　いい方法なんてあるのでしょうか？

実は、それがあるのです。有効な対策は、土地購入の前に地盤調査をして、地盤改良の必要な土地かどうか、必要ならば費用はどのくらいかかるのかを知っておくことです。

土地購入前に、多額の地盤改良費がかかることを知ることができれば、購入を止めることもできます。気に入った土地を見送るのは残念でしょうが、妥協して不本意な家をつくるより、よっぽどマシです。

もうひとつ、売主に地盤改良にかかる費用を値引いてもらえないか交渉することも可能です。もちろん、すでに地盤改良費分を値引いた価格だと言われるかもしれません。でも、そこは話し合いです。値引き交渉は難しいものですが、できるだけたくさんの交渉材料を事前に持っておけば、交渉は有利に進められます。しっかり交渉して、納得の上で土地を購入することも、家づくりの大切なポイントです。がんばればがんばっただけ、家にも愛着がわきます。

ひと昔前は、購入前に「地盤調査をしたい」などというと、断られたり、イヤな顔をされたりすることが普通でした。しかし、今では地盤調査が珍しくなくなり、「調査結果が良かった場合、購入してくれる」というのであれば、どうぞ調査してください」と了解してくれることもあります。もちろん、すべての物件の事前調査が可能ということではありませんが、誠意を持って交渉してください。地盤改良には大きな費用がかかりますが、地盤調査だけなら5万円~10万円ぐらいで済みます。あとあとの安全と安心のためにも、ぜひ、土地購入前の地盤調査を検討してみてください。

解決策 土地の歴史で地盤を推測する

地盤調査だけなら5万円ほどだといっても、自分の興味のある土地をすべて調査するわけにもいきません。ましてや、まだ他人の土地、勝手に調べることもできません。地盤調査をするのは、最後の最後、地盤さえよければ購入してもいいという段階で、土地の持ち主にお願いして調査の許可をもらってから実施するものです。

しかし、最後のフタを開けてみるまで、地盤のことがまったくわからないわけではありません。その土地の歴史を市役所や図書館、インターネットなどで調べることで、ある程度推測がつきますし、昔からの地名が手がかりになる場合もあります。例えば、昔から人が住んでいるような場所は、地盤が強いことが多く、逆に新しく埋め立てられた土地は軟弱な場合が多いです。

地盤や土砂災害に関する情報を、ハザードマップとしてインターネット上に公開している市区町村もあります。まずは、そういうもので大まかに土地の情報を得ておいて、いくつか候補地を探すというのも賢い方法です。

全ての原稿を書き終えた8月20日、広島県北部に記録的な大雨が降り続きました。花崗岩の脆い山は大規模な土砂災害を引き起こし70余名の犠牲者を出しました。とりわけ被害が大きかったのが阿佐南区八木地区でした。この地域はかつて「八木蛇落地悪谷《やぎじゃらくじあくだに》」と呼ばれていたそうです。蛇が降る様な水害が多かったので悪い谷の名前が付いたと古くからの住人が説明しています。現在は八木地区だけがのこりました。ただ、八木の「ヤギ」だけでも、岩石が流されて転がっている場所を示しています。古来、地名に「ここは危ないぞ」と、警告していたのですね。

「コラム」地名でわかる?地盤の強弱　参照

問題提起

ひな壇造成地や農地あとなどは要注意！

斜面を造成するときには、次頁のように、一部を平らにするために削った土を移動させて、別の一部を平らにするための盛り土に使う場合があります。このように、斜面を段々に造成することを「ひな壇造成」と言います。地面の表面は真っ平らですが、斜面を削った場所は硬く、土を盛った場所は柔らかくなります。もちろん、造成するときに機械で土を締め固めるのですが、そのとき締め固めが十分でないと、家を建てたあと、やわらかい地盤のほうに徐々に家が傾く恐れがあります。

建物が不均等に沈んで傾くことを「不同沈下《ふどうちんか》」と言います。もし、購入する土地に古い家が残っていて、その家の壁や基礎にヒビが見つかったなら、不同沈下が原因の

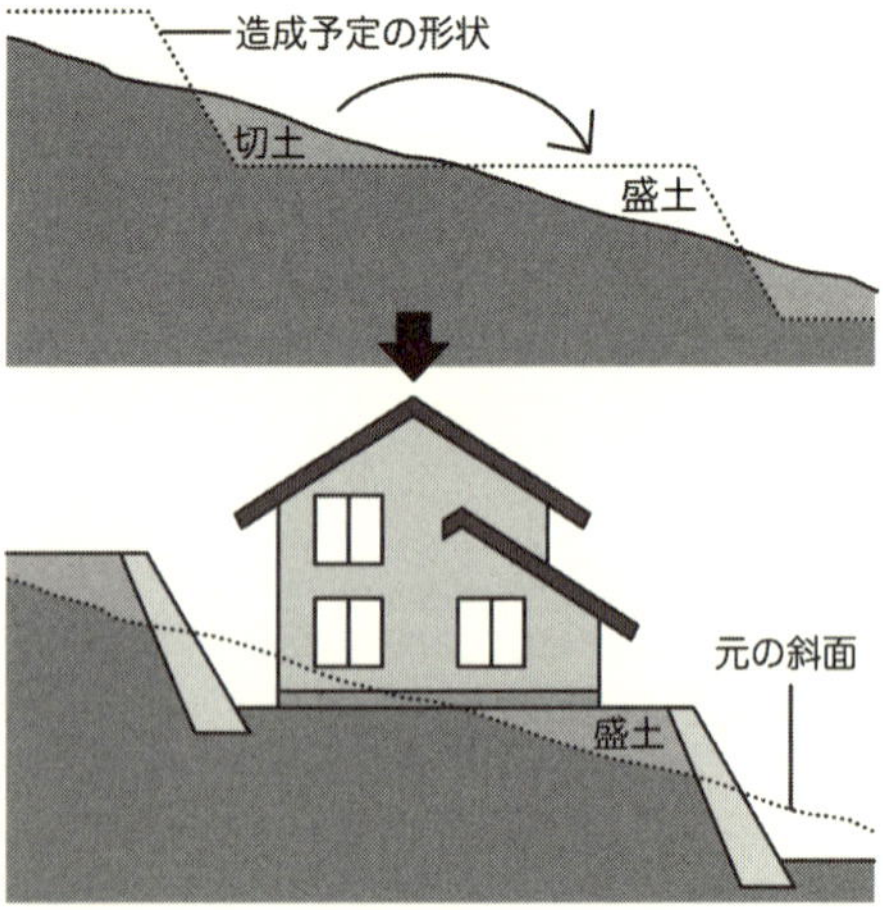

ひな壇造成地

場合もあります。土地購入前に、しっかりと地盤を調べてみることをおすすめします。沼地を埋め立てた土地や農地から宅地に転用した土地も、表面は締め固められて万全に見えていても、地盤の深い部分が軟弱で沈みやすく、地盤改良が必要な場合が多いです。どうしてもその土地が気に入ったのなら、雨の後や梅雨時の水はけを見てみたり、既に建物が建っている場合なら、建物の建築年数と歪みや傷み具合を比較するなど、あせらず時間をかけて調べてみてください。

実際に家が建っているからといって、安心はできません。特に、昔、沼地や農地だったところがいったん工場の敷地になって、そのあとに宅地が建っている場合などは、注意が必要です。工場の場合は、宅地ほどシビアでないので、軟弱なまま気づかずに宅地に転用されていることがあるからです。偶然のバランスで何とか持ちこたえていたり、地中深くからの湿気があがってくるような土地は、見えない不具合なので、気づいたときは遅すぎる、ということもあります。

不同沈下の起こりやすい軟弱地盤の事例を次ページにいくつか紹介いたします。

（軟弱地盤の代表的な事例）

土壌の崩れ、擁壁の変形

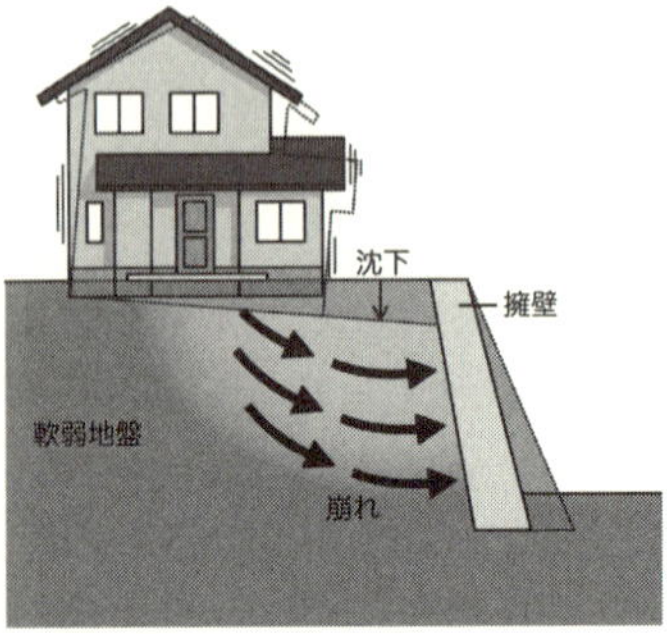

軟弱地盤では、硬い地盤に比べて擁壁に大きな圧力がかかります。このとき、擁壁の強度が十分でないと、擁壁が変形し、擁壁側に土が崩れて、不同沈下を起こすことがあります。

隣接地に重い建物

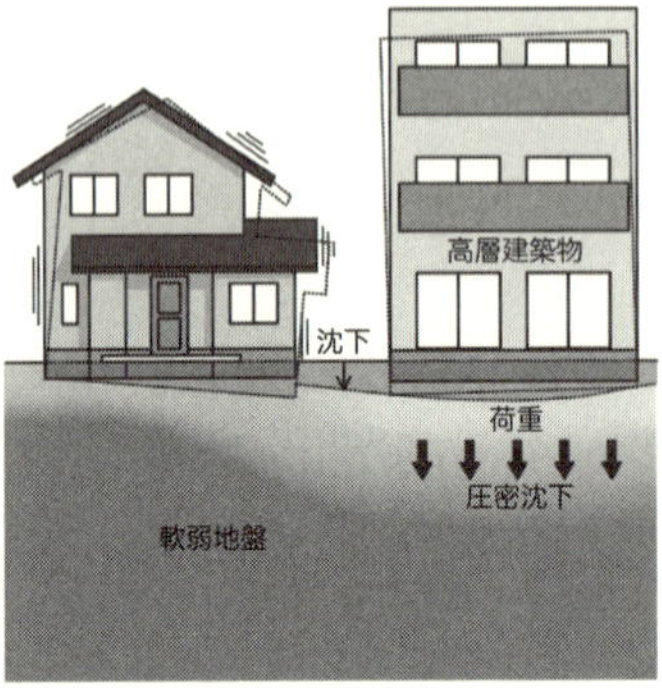

軟弱地盤の上に重い建物などがあると、大きな荷重がかかり、その下の地盤がじわじわと圧縮します（圧密沈下）。このとき、隣接する建物が、重い建物のある側に傾くことがあります。

難弱地盤の厚みの違い

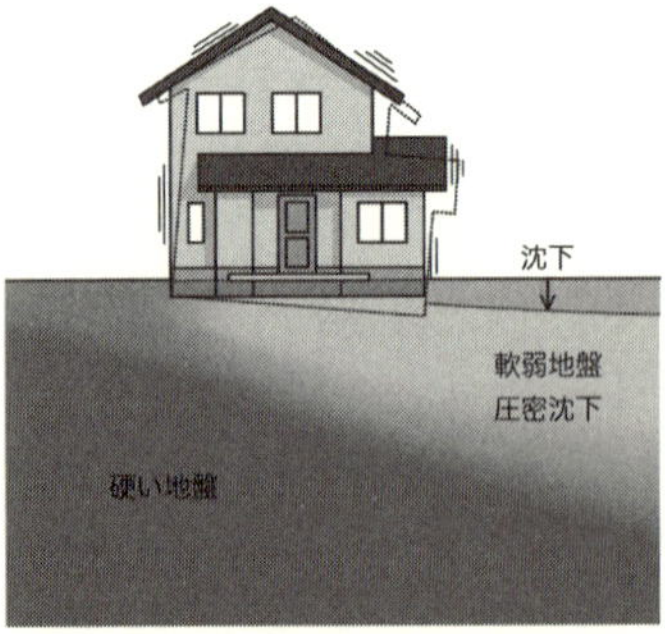

硬い地盤と軟弱地盤の境目に建物がある場合、建物の荷重によって軟弱地盤に圧密沈下が起こり、建物が傾くことがあります。

盛土中の隙間に土砂

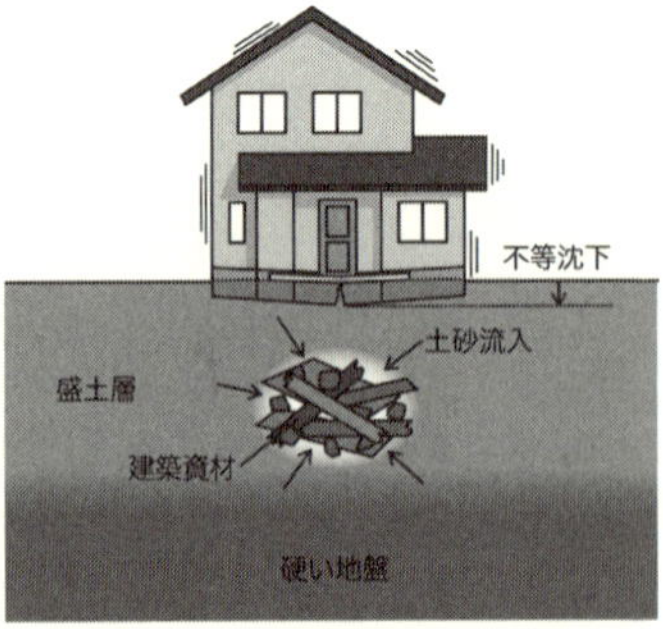

盛り土の中に、建設廃材などを埋めてある場合、建設廃材の隙間に土砂が少しずつ流入し、その部分の地盤が沈み、不同沈下を起すことがあります。

むしろ、低い擁壁《ようへき》こそ油断禁物！

地盤だけでなく、擁壁《ようへき》に問題がある場合も、補修に非常に大きな費用が発生する恐れがあります。

擁壁とは、敷地と道路に段差がある場合など、その斜面が崩れないようにコンクリートで固めてつくる壁のような構造物のことです。段差が大きい場合には、2～3mの高さになります。擁壁がある場所は、切り土や盛り土をしている場所だと考えてください。

新しい擁壁であれば、建築基準法や宅地造成等規制法による、擁壁の構造方法、高さや厚さ勾配などの基準を満たしているはずです。万一、基準を満たしていなければ、確認申請や完了検査、さらには検査済証の交付を受けることができず、工事も完了できないため、あまり心配する必要はありません。

しかし、いつつくられたかわからないような古い擁壁には注意が必要です。古い擁壁は今の基準に合わせるための補強やつくり替えをしないと、新たに建てる家の建築許可が下りない場合があります。擁壁をつくり直すとなると、地盤改良以上の大きな費用負担となる場合があることを知っておいてください。

擁壁のあるなしは、現地を見に行けばすぐにわかります。購入予定地に擁壁がある場合は、新しいか古いかにかかわらず、念のために今の基準にあった擁壁かどうか、不動産業者や設計事務所、行政窓口などに問い合わせたほうがいいでしょう。

なお、新しく宅地を造成する際には、宅地造成等規制法によって擁壁の基準が設けられています。しかし、造成主が都道府県知事の許可を受ける必要があるのは、次のいずれかの条件にあてはまる場合だけです。

① 切り土によって高さ2mをこえる崖が生じる場合
② 盛り土によって高さ1mをこえる崖が生じる場合
③ 切り土・盛り土を合わせた面積が500㎡を超える宅地造成工事をおこなお

うとする場合

ということは、この条件にあてはまらない、例えば高さが1mに満たない小さな擁壁には許可が必要ないということです。そのため、かえってチェックの目が届かず、強度に不安が残る場合があります。また、1mに満たない無許可の擁壁には、後から専門業者ではない人がセメントとブロックを少しだけ積んだような頼りないものも存在しますから、それだと弱い地震などでも崩れる心配も大いにあります。

要するに、どんな擁壁も必ず土地購入前にチェックをすることが大切です。

解決策　事情に応じた地盤調査方法のいろいろ

地盤が重要であることはお分かりいただけたと思います。

建物をどれだけ頑丈に建てたとしても、地盤が軟弱だと、足元に不安を抱えたままになってしまいます。まずは家を支える大事な土地を慎重に探し、地盤調査をして、足元を固めたいものです。

気に入った土地が見つかれば、最終的にはプロに地盤調査を依頼することになります。地盤調査は、安心・安全のために購入前にしておくべき重要項目です。今の建物を建て替えるときにも、「今まで家が建っていた土地だから大丈夫だろう」と考えず、地盤調査をしておくべきです。

では、次に3つの代表的な地盤調査方法をご紹介しましょう。

【スウェーデン式サウンディング試験】

もっともポピュラーな地盤調査方法です。

鉄の棒の先端に、大きなネジのような尖ったスクリューを取り付け、それを地面に突きたてます。そこにおもりを載せて、地面にめり込む

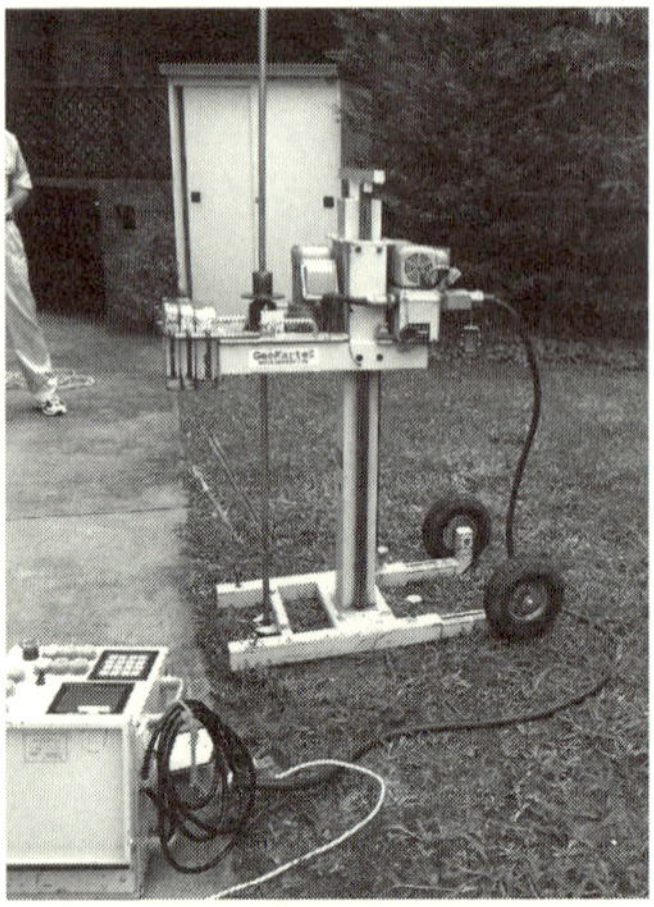

スウェーデン式サウンディング試験

様子を記録します。おもりの重さは25kg単位で、100kgまで。100kgのおもりを載せるまでは、スクリューをねじ込まず、おもりの自重だけでどこまで沈むかを記録します。100kgのおもりを載せても沈まないようなら、はじめてスクリューを回転させます。軟弱な地盤なら、軽いおもりを載せただけでめり込みますし、硬い地盤なら100kgのおもりを載せた状態でも何回転もさせないとめり込んでいきません。その結果から地盤の硬さを計測します。通常は、敷地に対して4〜5箇所計測します（1箇所につき、調査時間は30分程度）。手動式、半自動式、全自動式があり、費用は全自動式でおよそ5万円〜10万円です。

以前こんなことがありました。ある工場跡地でスウェーデン式サウンディング試験を実施したときのことです。

スクリューをねじ込まず、75kgのおもりを載せただけで、その瞬間、鉄の棒はあっという間にずぶずぶと沈んでいきました。その土地は工場が建つ前は、レンコン畑の沼地だったとのこと。深いところまでゆるゆるの地盤だったのです。
そんな土地に気づかずに地盤改良をしないで家を建てていたらと思うと、ゾッとします。

【簡易コーン式打撃試験】

スウェーデン式サウンディング試験をするには、機械を設置するために、ある程度の広さが必要です。そのため、更地ならできるのですが、古い家が密集して建っている住宅地などではおこなえません。そんな条件のときにおこなわれるのが、簡易コーン式打撃試験です。
先が円錐型になったハンマーにおもりをつけて一定の高さから落下させ、先端が10cmめり込むのにかかった回数で土の硬さを計測します。人が1人通る幅さえ確保できれば調査ができますから、隣の家との隙間に持ち込んで、地盤調査をすることができます。

【ボーリング試験（標準貫入試験）】

ボーリング試験は大がかりな調査のため、宅地ではほとんど実施されません。しかし、土質までをきちんと調査したい場合は、ボーリング試験をおこなうことになります。

まず、先端に土を採取できる道具をとりつけた鉄の棒を敷地に設置し、その上に63・5ｃのおもりをつけて落とします。おもりが30㎝めり込むまでの打撃数（何回落下させたか）をN値と呼び、上を採取しながら1ｍ掘り進むごとにN値を測定します。ちなみに、N値は地盤の硬さを示す指標になります。数値が大きいほど地盤が硬いことを示します（スウェーデン式サウンディング試験や簡易コーン式打撃試験では、計測した数値から、N値を換算します）。

こうして得たN値と採取した土のサンプルをもとにして、地盤の強さを表す地耐力（単位はｋN）を算出します。10ｍ掘り進むのにおよそ20〜25万円程度かかるなど、スウェーデン式サウンディング試験に比べて高価ですが、採取した深い地層の土を手で触って確認することができます。

解決策　地盤改良が必要になったら

地盤以外の条件は申し分なく、地盤改良してでもそこに住みたい。あるいは、所有地での建て替えなどで、調査の結果、地盤が軟弱だとわかった場合は、地盤改良をおこなうことになります。

地盤改良には、大きく3つの方法があります。簡単に紹介しますので、どの方法が適するかは、実際には、設計事務所や地盤改良を専門におこなう業者と相談して決めてください。

【表層地盤改良《ひょうそうじばんかいりょう》】

地盤の表面部分を改良する方法です。建物の下部全体に、セメントや石灰系の固化材を混ぜて、地盤全体を固めます。掘り返しなどで表面から1〜2m程度が軟弱になっている場合に適しています。深い層に軟弱な地盤がある場合は、この後に紹介する「柱状地盤改良」や「鋼管杭」などをおこなうことになります。

【柱状地盤改良《ちゅうじょうじばんかいりょう》】

柱状に土を掘削しながら、その中にセメントを流し込み、土と混ぜ合わせて固めます。地盤内にセメントの柱をつくり、建物を支える工法です。軟弱地盤が比較的深い層（深度2～8m程度）にある場合に適しています。

【鋼管杭《こうかんくい》】

細い鋼管を硬い地盤（支持層）に届くまで何本も挿入し、建物を支える工法です。鋼管の長さが足りなくなると、溶接やねじ式の継手で継ぎ足せるため、深度30mぐらいまで施工可能です。硬い支持層まで杭を打ち込みますので、軟弱地盤が深く続く場合やビルなど大きな建物を支える場合には、この工法を使います。

改良する敷地の広さにもよりますが、地盤改良には多額の費用がかかります。しかし、今の技術で地盤改良をおこなえば、地面が沈んで家が傾くということはほぼありません。永く住まう家なのですから、今後のためにも家を支える重要な土地（地盤）には、惜しまずお金をかけたいものです。

解決策　地盤に応じた基礎をつくる

これまでは、地盤の話でしたが、いよいよ建物の基礎の話に移りたいと思います。建物の基礎は、地盤の強さ（地耐力）に応じて選ばなければなりません。基礎には主に、ベタ基礎と布基礎があります。

建築基準法では、地耐力が30kN／㎡以上ある場合は、布基礎、ベタ基礎どちらでも良く、20kN／㎡～30kN／㎡のときはベタ基礎か杭基礎（地盤改良と同じように基礎を支える杭を打つ方法）と決められています。20kN／㎡未満なら、杭基礎か、何らかの地盤改良をおこなったあと、布基礎かベタ基礎を選ぶことになります（kNは重力の単位で、キロニュートンと呼びます）。

おおよその目安としては、50kN／㎡ぐらいあれば、布基礎、30kN／㎡ぐらいの場合は、ベタ基礎を選ぶ場合が多いようです。どちらの基礎にもメリット・デメリットがありますので、簡単に紹介します。

【布基礎】

硬い地盤で採用される基礎です。壁を支える部分に、コンクリートで逆T字型の基礎をつくります。底盤（T字の横棒部分）の巾（寸法）は、建物の荷重と地盤強度によって変わります。

壁の部分以外の床下は土のままなので、防湿シートを敷くなど、防湿対策が必要になる場合もあります。しかし、使うコンクリートの量がベタ基礎に比べると少なく、基礎を軽くできるため地盤沈下を起こしにくく、比較的軟弱な地盤でも対応できるなどのメリットがあります。

【ベタ基礎】

建物の床下全面をコンクリートで固め、床全体で建物を支えます。地面に接する面積が広いので、上部の荷重が一箇所に集中しないというメリットがあります。また、耐震性も向上するといわれています。床下をコンクリートで固めるため、シロアリが入り込みにくく、

布基礎の構造

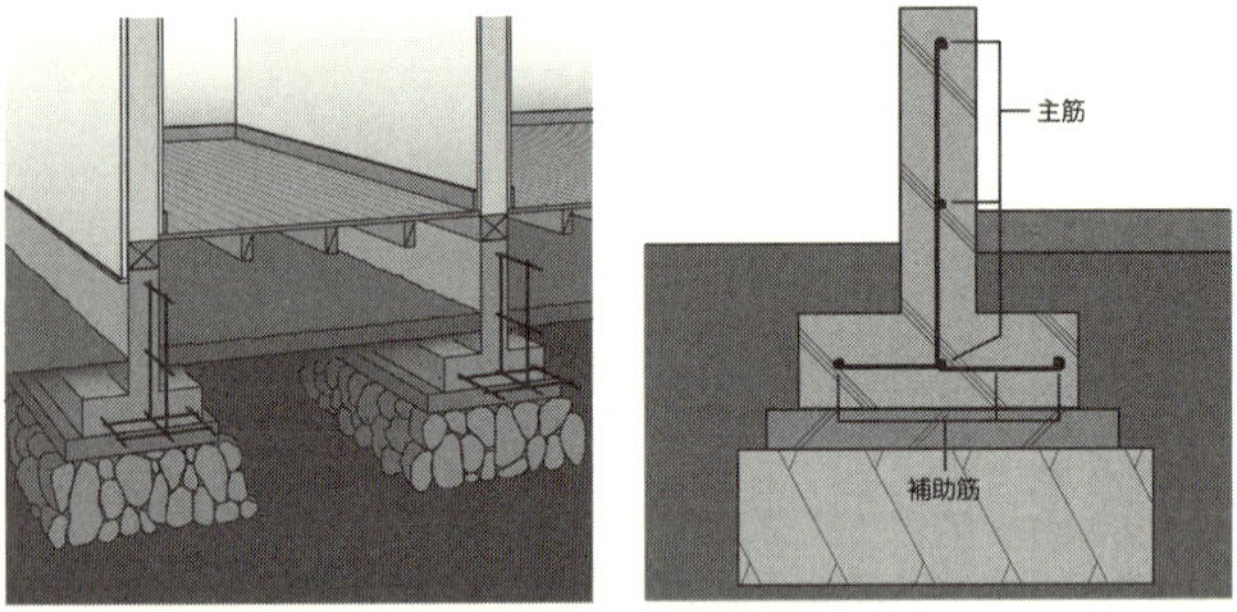

ベタ基礎の構造

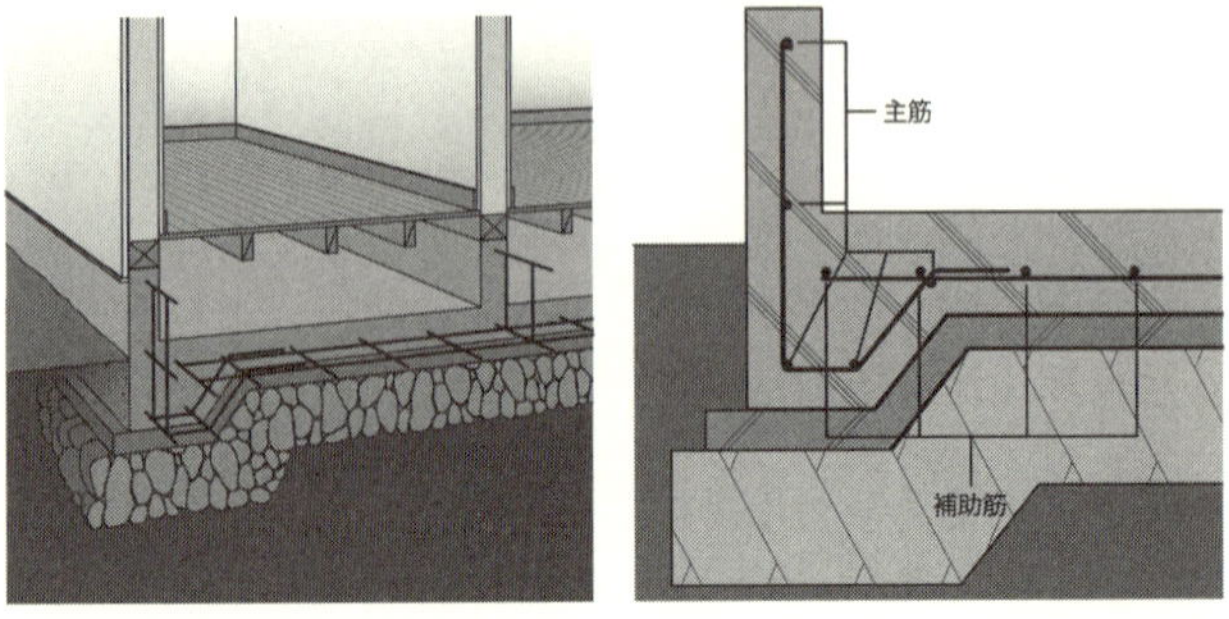

シロアリ対策にもなります。しかし、コンクリートの量が多いためコストアップにつながったり、基礎自体が重くなり、それが沈下の原因になったりする場合もあります。

現在は、ベタ基礎がスタンダードになりつつありますが、基礎を選択するための基準となる地耐力は、すでに十分な余裕をみて設定されていますので、基準の地耐力を満たしていれば、布基礎であってもあまり心配することはないと思います。メリット・デメリットをよく理解して、検討してください。

解決策　後悔しない家づくりの重要な5つのポイント

講座を受講するとどんなメリットが有るのだろう？　と、先ず思いますね。皆さんの期待効果は家造りで重要な五つのポイントを理解して頂き「いい家像」を明確にイメージして頂けることです。「こんな家が欲しい」「こんな家に住みたい」と明確に言えるようになって初めて家づくりがスタートですよ。と、言っています。それでは、後悔しない家をつくるための5つの重要なポイントについて紹介しましょう。

【その1・構造を何にするか】

木造なのか、鉄骨造なのか、鉄筋コンクリート造なのか、ということです。「いい家塾」では、日本の気候や風土にあった木造建築こそ、最適な構造の家だと考えています。

木にはさまざまな長所があります。私たちと同じ生き物である木は、人にストレスを与えず、癒しを与えてくれます。自然素材なので、有害物質もほとんど発散しません。また、家の中に暑さや寒さを伝えにくい性質（高い断熱性）を持っています。加えて、家の中の湿度を一定に保つ機能（高い調湿性）が備わっています。ちなみに、木造の8畳の和室では、バケツ1杯分の水を冬季の乾燥期には放出し、湿度の高い夏季には吸収しています。さらに、音を吸収する性質（高い吸音性）があり、部屋中に音が響いたりしません。

要するに、住まいの五重苦を取り除くためには、構造に木を使うことが第一の条件だと考えています。

【その２・工法を何にするか】

木造建築といっても、工法はいろいろあります。とくに、昭和から平成にかけて、さまざまな工法が開発され、海外からももたらされました。２×４（ツーバイフォー）工法、プレハブ工法などは、一度は聞いたことがあるのではないでしょうか。

それぞれに長所があるのは承知していますが、「いい家塾」がすすめるのは、昔ながらの木造建築を受け継いだ木造在来軸組工法です。

木造建築の中でも、とくに木造在来軸組工法は自然の木の良さを最大に活かしながら建築する工法で、設計の自由度が高く、リフォームしやすいことなど、いくつもの

杉村邸の玄関のナラ材のフローリング。適材適所でいろいろな材を使っています。

メリットがあります。そしてなによりも、経年劣化が少なく長寿命です。

【その3・素材を何にするか】

家づくりに使われる素材は、数え切れないほどあります。どれを使っていいかわからないほどの種類がありますが、少なくとも、シックハウスを防ぐためには、石油系の化学物質を使った素材は避けるべきです。

確かにいまは、ホルムアルデヒドとクロルピリホスの2種類の揮発性有機化合物の使用がF☆☆☆☆（フォースター）として建築基準法で制限されています。さらに、厚生労働省では13物質について指針値を定めています。しかし、建材に使われている揮発性有機化合物は現在、40類もあり、それらすべての安全が保障されているわけではありません。その点、地球上に昔から天然に存在する自然素材は、基本的に有害物質を発生せず安心です。

【その４・断熱をどうするか】

断熱という言葉は知っていても、断熱材に何が使われているのかを知っている人は、少数派ではないでしょうか。

現在、日本で最も多く普及している断熱材は、グラスウールです。グラスウールは、ガラスでできた人工物の繊維です。断熱性は十分なのですが、調湿性がほとんどありません。より良い断熱効果を生むために、現在、さまざまな新しい断熱材が開発され、採用されていますが、「いい家塾」では、断熱性も高く、調湿性も備えている「セルローズファイバー」という素材をすすめています。

セルローズファイバーとは、新聞紙を綿のようになるまで砕き、防虫対策のためにホウ酸（ホウ素）を添加した素材です。紙が原料なので、もとをたどれば木です。断熱材は家中に大量に張りめぐらすものなので、木質のものを使う意味は大きいと言えるでしょう。環境保全にもつながりますし、「構造を何にするか」で説明したように五重苦を取り除くのに効果的です。一般的には、まだあまり知られていませんが、これからの普及が期待されています。「いい家塾」の塾生たちにもとても人気のある素材ですので、第5章で詳しく説明いたします。

【その5・誰に頼むか】

家づくりをどんな会社、どんな人にお願いするかということです。5つのポイントの中で、最大のハードルであり、最後の壁でもあります。正しい家づくりに精通していて、信頼できる会社や人に頼みさえすれば、ここまでの4つのポイントは自然にクリアできるはずです。

しかし、ここではあえて、こんな会社や人に頼むべき、とは言わないでおこうと思います。それは、面倒だからといって家づくりのすべてをひとつの会社や人に丸投げするのではなく、建築士、工務店、建材店など、それぞれの専門分野ごとに自分で会社を選べるぐらいの気持ちと知識を持つことが大切だからです。木には木のプロがいます。設計には設計のプロがいます。それぞれのプロのすばらしい技術を集結させ、建て主主導でほしい家をつくることが、いい家づくりの基本です。

【おまけの6つめは予算】

後悔しない家づくりの5つのポイントに加えて、「おまけのポイント」を6番目に入れておきたいと思います。

それは「予算」です。

木材や自然素材をたっぷりと使って、いい家をつくるというと、必ず聞かれるのが「高額なのでは？」という問いかけです。良いとわかっていても、高い家には手が出ないというのが、家づくりを考える多くの皆さんの本音でしょう。

でも、はっきり明言します。いい家は、適正な価格で手に入ります。

限られた予算内でいい家をつくった塾生はたくさんいますし、十分に可能です。

家づくりは「まず予算ありき」だと私は思っています。お金がないからいい家はつくれないと考えるのではなく、お金がないなら、その中でどうやっていい家づくりを達成できるかを考えてみる。これこそ人間の知恵ですし、とても大切なことだと思います。「いい家塾」がナンバーワンの家ではなく、オンリーワンの家づくりを提唱している意味はここにもあるのです。

「成果事例紹介」

少ない自己資金で土地&新築家を獲得した　15期生　大神さん

30歳半ばのご夫妻と3人の小さいお子さんの5人家族。当塾とのご縁は前書でした。なんと、奥さんがご主人の誕生祝に拙書をプレゼントされたそうです。ご主人はピント感じるとこが有り早速受講して下さいました。最終の第10講を終えた10日後にご家族で相談に来られました。土地の取得と新築という大事業です。ヒヤリングシートを拝見して自己資金の額２００万円に正直驚きました。前書「自己資金が足りない場合のノウハウ」の中で、少なくとも自己資金２００〜３００万円では、土地代と建築費の資金としては殆んどローンに依存しますので足りないと言えます。この場合、格安の土地付きの古住宅を購入し何年かそこで生活し資金を貯める手段もあります。と書きました。

しかし、「当塾に不可能はない」と自らに言い聞かせ、ご一緒に戦いが始まりました。土地は建売業者の分譲地に良い物件を見つけました。そして「建築条件付き」を交渉して追加金なしで解除してもらい、価格も値引きしてもらいました。さらに、燃料電池エネファームと太陽光パネルによるダブル発電という最先端の装備を、ゼロエネルギー対応で補助金まで獲得したのです。何より苦労したローンも「ろうきん」（近畿労働金庫）で無事まとまりました。竣工引渡し式で記念のプレートをお渡しし、お二人の勇気と偉大なるチャレンジに敬意を表しました。お陰様で、ご家族が納得するオンリーワンのいい家が竣工しました。我ながらいい家塾のサポーターのメンバーもチョッピリ褒めてあげたい気持ちです。一件落着「目出度し、めでたし」。

さあ、あなたも夢に向かってチャレンジして下さい。夢は見るだけでなく実現させるものですから。GOOD LUCK。

感想文「私達家族の本当の家造り」　15期生　大神

私達家族（妻、息子、双子の娘と私）の家造りのきっかけは、3人の子供の成長と共に賃貸マンションでは手狭になったこと、子供が部屋を走り回れば、騒音の苦情により少しの音でも過敏になってしまい注意してしまうのが嫌になったこと、そして、明らかに身体に害を及ぼしそうなマンション特有の結露によるカビが嫌だったからです。

家造りを考え始めた矢先、妻から塾長の本を誕生日プレゼントで渡され、本を読み終えると同時に塾の講座受講の申し込みをし、講座が修了すると同時に塾に家造りの相談を始め、すぐに家造りの第一歩である土地探しがスタートしました。

土地が決定すると次は設計が始まりました。設計では予算との戦いで、予算内に収めるため、要望に優先順位を付け削れるところは削ったのですが、それでも予算をオーバーしてしまい、そのため主要な部分や素人ではできない所以外は自分で施工するようにしました（これまでデッキの塗装、内部木材の自然塗料の塗装、駐車場の枕木（無害の）設置、転落防止ネット張り、洗面台下のワゴン等を作り、今後は本棚兼ＰＣデスク、押入れの収納棚を作る予定です）。

家造りはとても人件費がかかるので、これにより何とか予算内に収めることができました（予算に限りがある人で自分も頑張ってみようと思う人は参考にして下さい）。

私達の家に住み始めて5カ月が経ちましたが、無垢の床は素足で歩くととても気持ちがよく、私を含め子どもらもよく床でゴロゴロとしています。

また、庇による快適な日差し、適切な窓の配置により風通しが良いため、居心地が良く、ついつい出不精になってしまいがちです。

以前のマンション住まいの夏は、毎晩クーラーに頼って過ごしました。が、新しい家で初めて過ごす夏は、クーラーを使う頻度が減ったうえに、クーラーの効きが良くなった為、省エネ運転で大丈夫でした。

まさに夏涼しく、冬暖かい家ができました。

塾での家造りは無事に終わりましたが、私達家族のオンリーワンの家造りは、これからも続きます。

第4章　日本の風土に合った木造在来軸組工法

解決策 家の構造を何にするのか

戦前の日本で「家」といえば、ほとんどが木造でした。今のように、木造以外の家もたくさんつくられるようになったのは、戦後しばらくしてからのことです。家の骨組みのことを「構造」と言います。長年にわたり、家を支える骨格の部分です。

現在、日本の家の主な構造をあげると、次のようなものがあります。

●木造
●鉄骨造
●鉄筋コンクリート造
●補強コンクリートブロック造

このうち、一戸建てにもっとも多いのは、「木造」です。しかし、近年になるにつれ、一戸建てにも、鉄骨造、鉄筋コンクリート造も数多く見かけるようになりました。一戸建てではなく、マンションやオフィスビル、学校などでは、すでにそのほとんどが鉄筋コンクリート造になっています。木造を見つけるのが難しいくらいです。

さて、この章で紹介した家づくりのポイントの1番目に登場する「構造を何にするか」ですが、「いい家塾」では、「木造」をおすすめしています。その理由は、木を骨組とした家が、気候の面からみても、安全性の面からみても、日本という国に最適だと思うからです。

木造の家はなぜすぐれているのか

そもそも、日本人が木を家づくりに使い始めたのは、なんと５０００年も前のことだそうです。縄文時代の高床式住居には、すでに直径１ｍの栗の木の柱が使われており、ご丁寧に根元が腐らないよう焦がしてあったと言います。このことからわかるように、日本には太古の昔から、木を使った建築法がありました。

国内最古の「民家」と言われているのは、兵庫県に現存している箱木家住宅《はこぎけじゅうたく》で、14

世紀頃の木造住宅です。畳と建具がほとんどない点を除けば、構造は昭和初期の民家と大きく変わりません。戦争で多くの民家が焼かれ、その跡地に多種多様な構造の家が建ち並ぶようになりましたが、それまでの日本の国土には、日本最古の民家のような昔ながらの伝統工法の木造の家が軒を連ねていたのです。

日本人は何千年もの間、木造の家に暮らしてきました。しかも、木を骨格とする基本の形は、いまも昔も驚くほど変化していません。

変化への順応性が高く、新しもの好きの日本人が、木造の家に住むことを変えなかったのはなぜなのか。おそらく、長い歴史の中で「日本の風土においては、木造が住居としてベストだ」という結論に至ったからではないでしょうか。

私がそのように考えた理由を、これからお話しいたしましょう。

ここであらためて木の優れた特長を並べてみましょう。

●調湿性がある

鉄やコンクリートには湿度を調節する働きはありませんが、目に見えないほどの小さな穴が無数にあいている木材は、外部の湿度を吸ったり吐いたりする働きがあります。

●断熱性にすぐれている

木は温度を伝えにくい素材です。熱の伝えやすさを表す数値に、熱伝導率がありますが、木は鉄の300分の1です。

●吸音性にすぐれている

表面がざらざらしていて、小さな無数の穴があいている木材は、音も適度に吸収します。コンクリートは音をよく反射するため、いつまでもその場に音が残って、居心地がよくありません。

●長持ちする

田舎に行けば、築数百年の木造家屋が残っているように、正しく建てて手入れを怠らなければ、木材はとても長持ちします。

このうち、日本でもっとも重視されるのが「調湿性」です。なぜなら、日本は年間を通して湿気の多い「高温多湿」の国だからです。日本で家をつくる場合、なによりもまず「湿度を制する」ことが求められます。湿気で家の中がベタベタにならないよう、黙っていても湿度をコントロールしてくれる素材が必要だったのです。

その素材こそが「木」です。

木は、湿度の高いときには湿気を吸収し、乾燥して湿度の低いときには放出します。この調湿機能をうまく採り入れているのが、木造の家なのです。つまり、木造こそ、湿度の高い日本で工夫された、日本の気候風土になじんだ家と言えるのです。

構造と並んで、工法にもおすすめがあります。

さきほど、家の骨組みが「構造」だと述べましたが、その構造をつくる方法・やり方を「工法」と言います。

家の工法には、木造在来軸組工法、2×4（ツーバイフォー）工法、プレハブ工法、丸太組工法…といろいろありますが、日本の木造住宅の主流は、木造在来軸組工法と

２×４（ツーバイフォー）工法です。

両方とも「木を骨格とする家」なので、その点では、どちらも「木造の家」です。しかし、「いい家塾」では木造在来軸組工法をおすすめしています。

一戸建ての新設住宅着工数の工法別の内訳を見ると木造在来軸組工法が全体の72％を占め、２×４工法などを合わせると約86％が木造住宅となっています。

（２００８年度国土交通省調べ）

新設住宅着工戸数の工法別割合
【一戸建て】424,314戸

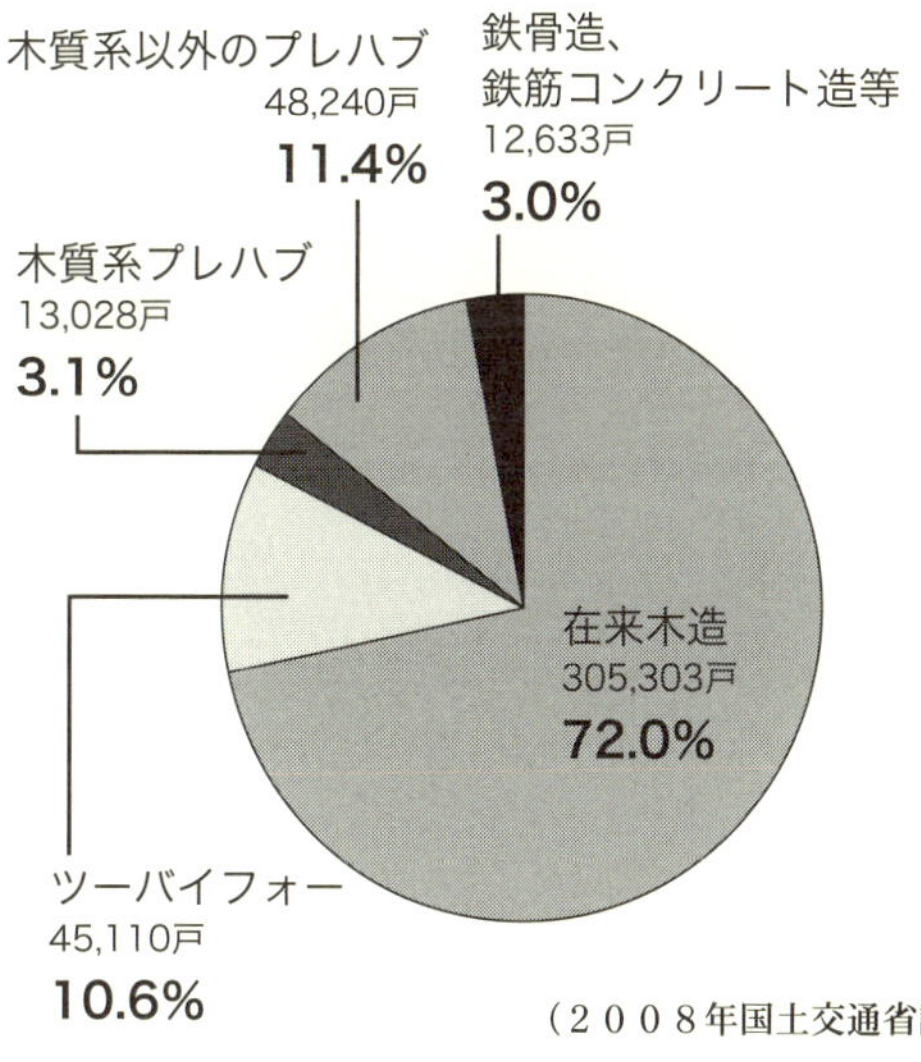

（２００８年国土交通省調べ）

点と線で支える「軸組」の家

木造在来軸組工法は、「日本にすでに存在していた木造の建て方」という意味で「在来」と名付けられていますが、「軸組」という部分に特徴があります。

軸組とは、柱や梁といった角材を組んでいくことです。左図をご覧ください。木造在来軸組工法でつくられた家の構造です。1本1本の角材が、あたかも立体を形成する「軸」のように見えます。ぱっと見ただけでもわかるように、木造在来軸組工法で建てられた家は、大量の木材が縦横に組まれています。

この構造部分は、一般的には壁や床ができあがるにつれて隠れてしまい、家が完成する頃にはほとんど見えなくなってしまいます。木造在来軸組工法の家でもきれいに壁紙が貼られたあとは「どこに木がふんだんに使われているの?」と首を傾げたくなりますが、見えない部分でしっかりと家を支えています。

見えなくなったからといって、木の長所が失われるわけではありません。調湿性、断熱性はきちんと働き、家を何十年にも渡って快適に維持し続けてくれます。

もうひとつ、木造在来軸組工法には、ほかの工法にはない特長があります。木と木が「接合」と呼ばれるはめ合わせによってつながれている点です。

文字だけでは説明が難しいので、図を使いながら説明します。

角材と角材が組み合わさる部分を、接合部と言います。下図にあるように、一方の角材には凹形の細工がされ、一方には凸形の細工がされています。この凹凸をドッキ

木造在来軸組工法

土台の上に柱材を立て、水平に梁や桁（横架材）をかけて骨組みをつくる

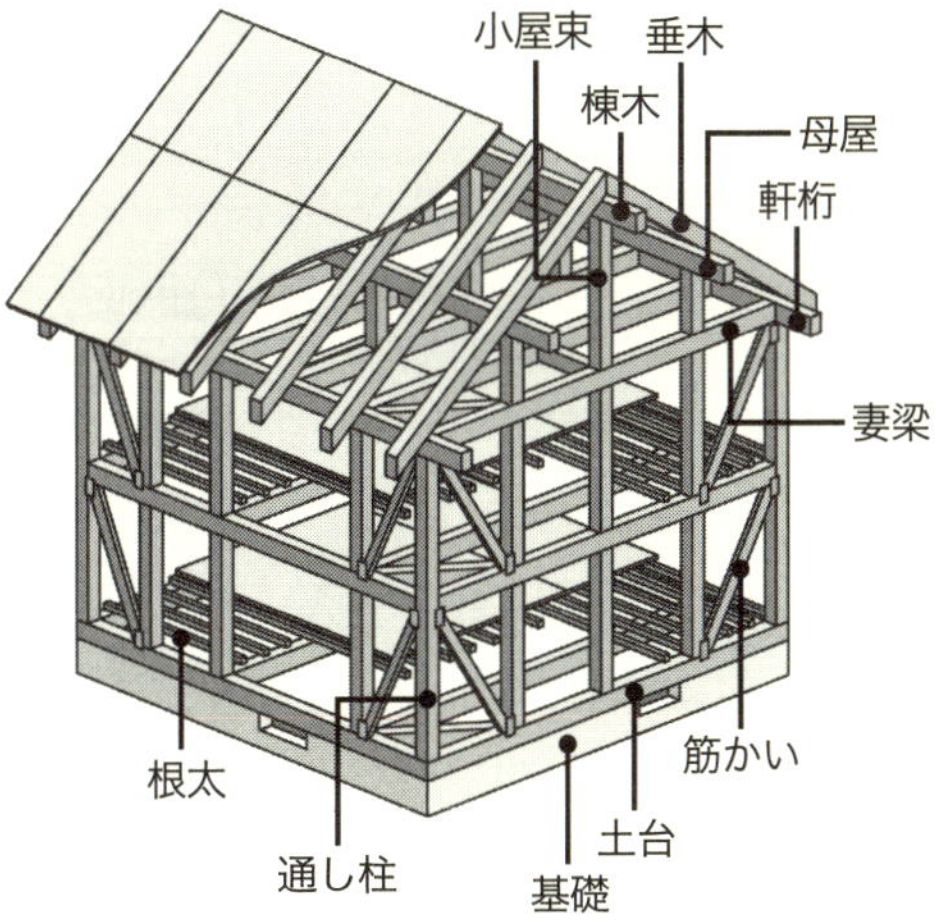

ングさせることによって、組み上げていきます。

よく「角材は釘でつなぎ止められている」と勘違いしている人がいますが、木材同士をがっちりとつないでいるのは、釘ではなく接合部です。寺や神社をつくる宮大工は、釘1本使わず伝統的な建築物を建てていきますが、それと同じような技術が木造在来軸組工法でも使われています。

木造在来軸組工法の接合部は、地震の多い日本に適した、非常によくできた仕組みです。角材をつなぎ合わせる接合部は、完全に固定されているのではなく、わずかな遊びがあります。この接合部の遊びが、地震の揺れを吸収し、木材自体にかかる負担を軽くしてくれるのです。さらに、木材自体の弾力性や粘りで揺れを吸収します。

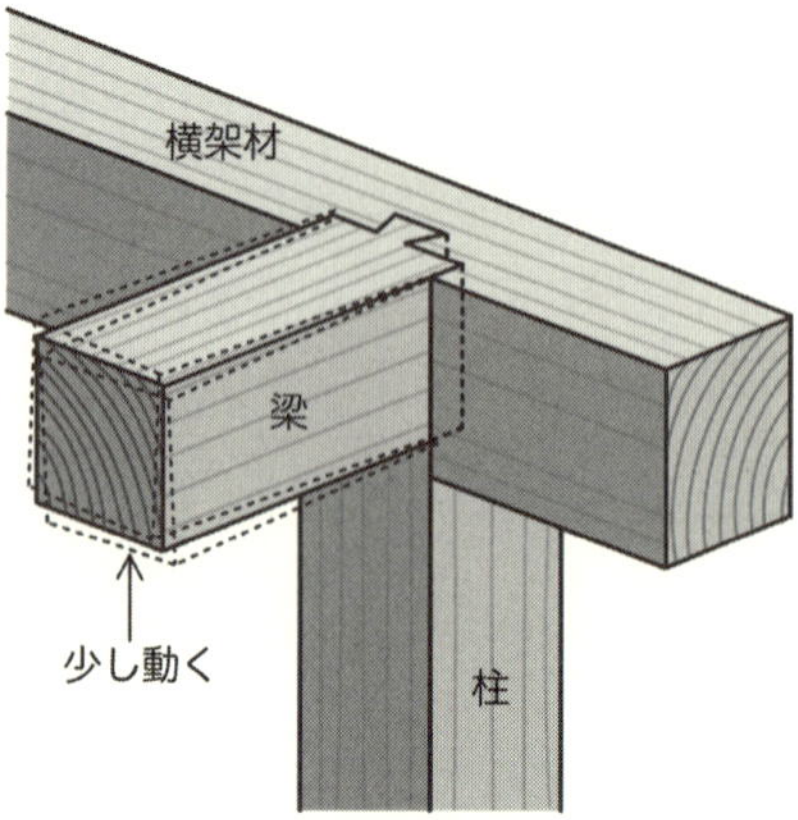

角材の接合部

ただし、この特長がいかんなく発揮されるのは縦の揺れに対してです。横の揺れにはあまり強くありません。それを補うのが、斜めに渡す「筋かい」です。筋かいを入れることで、横揺れにも強い家ができます。

このように、木造在来軸組工法の家は、「木の良さを100%引き出した家」なのです。昔の人は、このことを理屈ではなく、感覚でわかっていたのでしょう。だから、木造の家は大きく変わることなく、日本で引き継がれてきたのです。

解決策 窓の位置や大きさを自由に決められる

木造在来軸組工法の構造は柱や梁などの軸で組み立てられているため、P147の図のように空間だらけです。仕切りも何もありません。そのため、間取りや開口部（出入口や窓）の位置や大きさを自由に決めることができます。

最近は、木造在来軸組工法でなくても、自由な間取りやプランを設定できる住宅が増えていますので、「なにも木造在来軸組工法に限ったことではないのでは？」という疑問がわくかもしれません。しかし、住まいの快適さにかかわる自由度という視点でみると、やはり木造在来軸組工法がもっともすぐれています。

わかりやすく説明するために、同じ木の家である２×４（ツーバイフォー）工法と比べてみましょう。

ツーバイフォー工法は、家を「壁」という「面」で支えるつくりになっています。構造材の役割をするのが「壁」で、それは合板でできた木製パネルです。工場であらかじめ規格を決めて大量生産した大型のパネルを現場に運び、組み立てていきます。四方を「面」で囲んで支えるため、耐震性は高いとされています。また、柱がないので、家の内部には大空間ができ、間取りを自由に決めることができます。間取りが自由だという点は木造在来軸組工法も同じですが、広い空間の部屋をつくりたいという場合には、木造在来軸組工法よりツーバイフォー工法のほうがまさっていると思いませんか？　実はツーバイフォーの方が別途構造計算が必要になり制約が大きいのです。

なぜ、「いい家塾」は、ツーバイフォー工法ではなく、木造在来軸組工法をすすめるのか。理由の１つは「窓」にあります。

木造在来軸組工法は、柱や梁などの軸で家を支えているため、それさえ取り除かなければ、どんなに窓を大きくとろうが、どこにとろうが、ほとんど影響がありません。施工の段階で窓の位置を変えることも可能です。

窓の位置くらいたいしたことではない、と思うかもしれませんが、家にとって通気を確保してくれる窓は、いわば生命線です。窓が適切にとれず、通気や換気が悪くなってしまうと、湿気や結露によって木の傷みが進み、家が早く老朽化します。窓の位置

ツーバイフォー工法

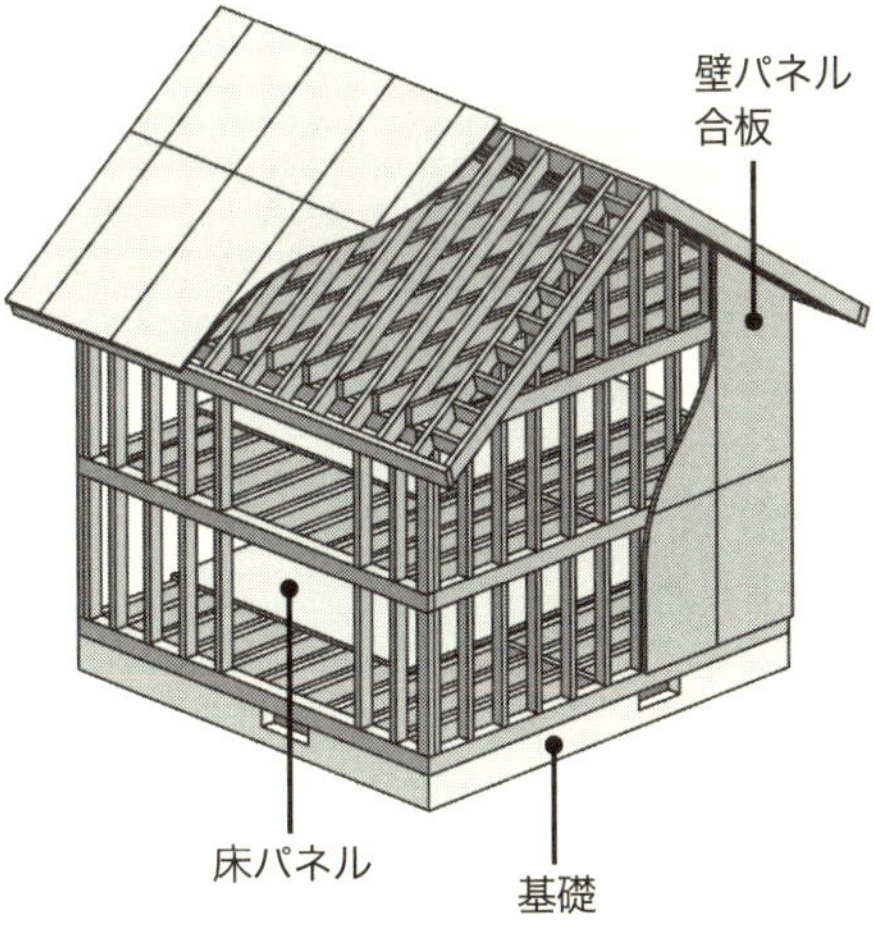

や大きさは、家にとって非常に重要なのです。

「壁ありき」のツーバイフォー工法と比べて、「壁はあとからつければいい」という発想で家づくりができる木造在来軸組工法は、通気の要である「窓」を、比較的自由にプランニングできるという点ですぐれています。具体例はこの章の後半で示しますが、窓をつけるときのポイントは、風が吹き抜けるよう、向かい合った壁の両方に設置することです。これをかなえられない工法は、快適な家をつくる工法とはいいづらいというのが、「いい家塾」の見解です。

また、窓の設置場所や間取りの自由度が高いという長所は、リフォームのときにも大いに役立ちます。木造在来軸組工法の家は、構造部分である軸組みさえ触らなければ、壁を取り付けることもできれば、取り払うこともできます。大きな部屋を壁で仕切って、小さな部屋を2部屋つくることもできます。逆に、壁を取り払って、再び広々とした部屋に戻すことも可能です。

解決策

木造在来軸組工法は地震に弱いという誤解

木の良さは理解できても、木造の家を建てることに躊躇してしまう。そんな不安の種は、おそらく「地震」と「火事」ではないでしょうか。世間にはどこか、「木造の家は地震に弱い。火事に弱い。だから安全ではない」という誤解がいまだに根強く残っているように思います。

結論からいえば、木造在来軸組工法の家は決して地震に弱くはありません。火事にも弱くありません。それどころか、見方によっては、木造の家は鉄やコンクリートでつくられた家よりも強いのです。

ひとつずつ解説していきましょう。

まず、「木造＝地震に弱い」とされる誤解の原因を探ってみようと思います。

この誤解が改めて言われ出したのが、１９９５年の阪神淡路大震災がきっかけです。

テレビに映し出された無惨にも倒壊した家々の風景は、今でも忘れることができません。あの大地震では、兵庫県内だけで６４００人を超える尊い命が失われましたが、そのうちの8割近くが、家屋の倒壊が原因、中でも木造家屋の倒壊によるものが多かったと言われています。

この話だけを聞くと、木造住宅だけがおびただしく倒壊したように思えますが、これは「住宅の多くが木造だったから」にすぎません。例えば、木造が１００軒、鉄筋コンクリートが10軒建っているところに、地震がきたとします。その地震で家の1割が倒壊したとしましょう。倒れた数は、木造10軒、鉄筋コンクリート1軒。おわかりですね。

また、倒壊した木造住宅の多くは、老朽化したものや、まだ建築基準法がそれほど厳しくなかったころの建物だったとも言われています。実際には、大型ビルや商業施設においても、倒壊した建物は多くありました。高速道路の橋脚も倒壊しました。つまり、木造だから倒れたというわけではなく、耐震性の劣っていたものが倒れたといったほうが正確です。

阪神淡路大震災のあと、2000年に建築基準法が大きく改正され、住宅の耐震基準が厳しくなりました。少なくとも、これ以降に建った家は一定の耐震性を備えています。

とはいえ、建築基準法は守るべき「最低限の基準」にすぎません。木造住宅で構造計算が義務付けられているのは、3階建て以上の場合だけです。しかし、これは〝最低限〟3階建て以上は構造計算をしなければならない、という意味であって、平屋や2階建てに構造計算が必要ないと言っているわけではありません。

実際、地震や強風による負荷に家が耐えられるかどうかは、構造計算をしないと判定できません。つまり、平屋や2階建てであっても、構造計算はするべきなのです。構造計算で基準を満たしていれば、その家が木でつくられていようが、鉄でつくられていようが、「耐震性の高い家」と認められます。構造計算をきちんとおこなって建てられた家なら、構造や工法に関わらず、地震に強い家なのです。

「いい家塾」では、建てようとしている家の階数や構造・工法にかかわらず、構造計算をするようにおすすめしています。

解決策 木造在来軸組工法は火事に弱いという誤解

鉄に火をつけても燃えませんが、木に火をつければよく燃えます。そのため、木の家は燃えやすいというイメージが定着しています。

ところで、木は本当に燃えやすいのでしょうか。

ものが燃えるには、熱と酸素が必要です。木が炎にあぶられると、熱によって表面部分の成分が分解されて可燃ガスが発生し、それに酸素が混じって燃え上がります。

確かに、この原理から評価すれば、木は燃えやすい素材です。

しかし、それは木っ端や薪など、小さな木の場合です。いえ、薪でさえも簡単に火はつきません。キャンプで薪に火をつけるのに苦労した経験のある人も多いのではないでしょうか。ましてや、太さが10㎝を超える家の柱や梁の場合は、話はもっと違ってきます。

柱や梁に火がつくと、先ほどの原理どおり、表面部分は可燃ガスと酸素とで燃焼しはじめます。しかし、同時に表面の炭化が始まります。炭化が起こると、それによって酸素が遮断され、木の内部は酸素が供給されずになかなか燃えません。家が全焼した跡に、真っ黒な柱だけが何本も立っている光景は見覚えがあると思います。いかにも「燃え尽きてしまった」という印象がありますが、実は、燃え尽きてはいないのです。ほかのものが全焼してしまうような火事でも、柱の内部は燃え残るほど、ある程度の太さのある木は燃えにくいのです。

熱の伝わりやすさを「熱伝導率」と言います。木は、熱伝導率が鉄よりも低いという特性があります。鉄は木のように燃えあがりませんが、火の熱が伝わりやすく、火災で5分ほど火にさらされるだけで強度が半分以下に落ちてしまいます。それに対し、木は10分以上火災の火にさらされていても、強度低下率は8割ほど。強度が半分になるのは、20分以上かかります（下のグラフ参照）。要するに、鉄骨の家であっても、火事になれば熱で鉄の強度が落ちて、住宅が倒壊する危険性が生じるということです。むしろ、木造の家なら、柱や梁の内部まではなかなか燃えずに強度を保ち、倒壊をギリギリまで防いでくれます。

火事の程度や条件にもよるので、木と鉄とどちらが強いかは一概に言えませんが、少なくとも、木の家が火事に弱い、という汚名だけは返上できる事実だと思います。

家の「はり」を火事にさらしたら

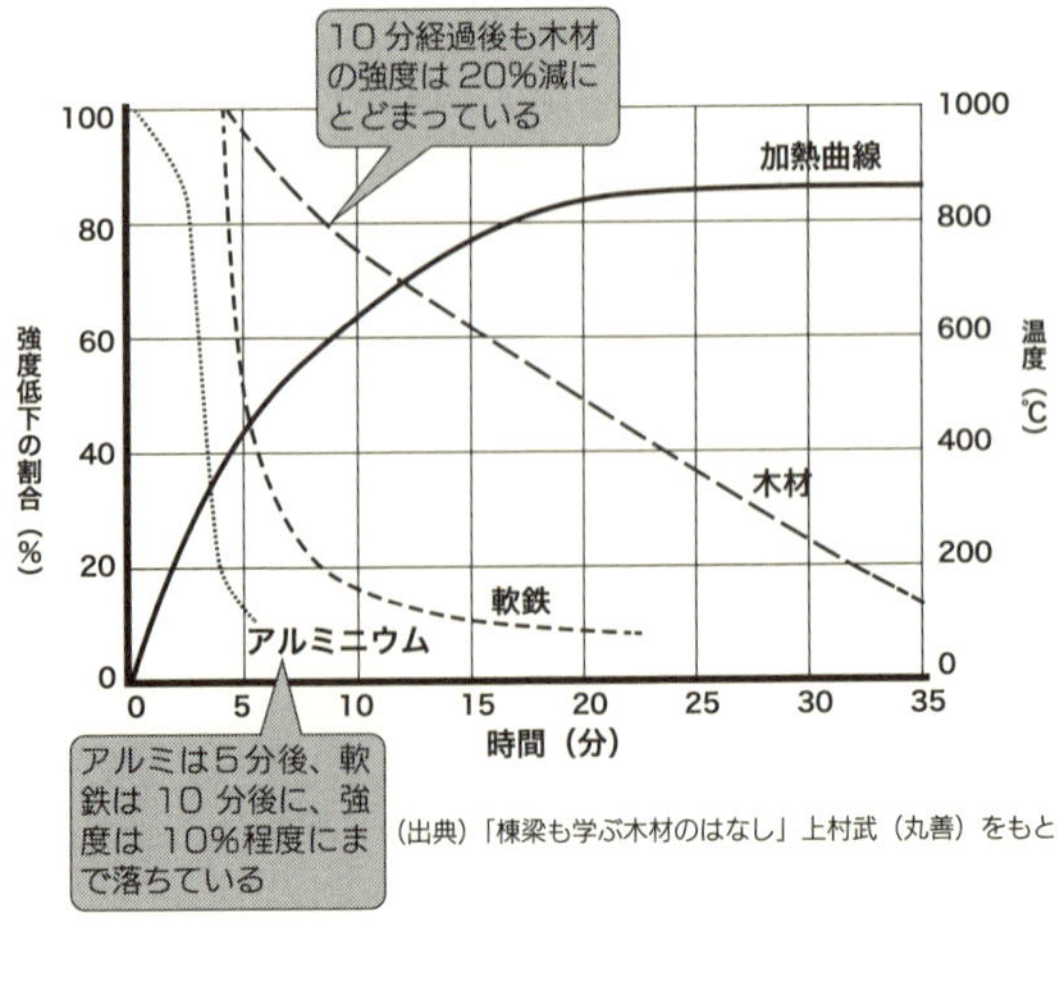

（出典）「棟梁も学ぶ木材のはなし」上村武（丸善）をもとに作成

「事例」２０１１年９・11同時多発テロ事件

ニューヨークＷＴＣビルの最上階に自爆機が突っ込み炎上した。なぜこのビルが一瞬にして崩れ落ちたのでしょうか。最上階の自爆機炎上の高熱が全階の鉄骨や鉄筋の強度を一瞬に奪ったのであっけなく崩壊したのです。

解決策　「風通しの良さ」を実現する木造在来軸組工法

曽野綾子著「風通しのいい生き方」(新潮新書)

風通しが悪いと、家が腐り、住む人も病気になると母は信じていた。人間関係もそうであった。たいていの世間の人たちは、自分の家に不満を持っているというが、私は母の教えのとおり家を造ったから今住んでいる家に満足している。一部屋に必ず二面以上開口部を取って、風通しを良くすることだった。しかも、東西南北十字に風が交差しないといけないという。

〈第2話　家も人間関係も風通しが大事から抜粋〉

賢人は人間として住まいと生き方も明快ですね。例えば、マンションの多くは玄関からベランダへ一方通行の風の流れですから、十字に交差することは不可能ですね。塾生でマンション住人の熟年のご夫婦から毎日息が詰まる。と、よく聞きますが、やはり住まいは風通しが悪いとNGですね。

木造在来軸組工法の家は、設計自由度の高い家だ、と先ほど述べました。その象徴といえる「窓」について、もう少し詳しくお話しします。

家を設計するとき、考えなければならないことのひとつに「風通し」があります。風の通る家は、木が長持ちし、そこに住んでいる人も快適に過ごせます。いい家をつくるということは、「風の通り道を設計すること」と言い換えてもいいくらいです。

どんな土地にも「風向き」というものがあります。風向きは季節によって違いますから、常に一定ではありませんが傾向はあります。その風向きに沿って窓を取り付けることで、住まいは風の通る場所となります。木造在来軸組工法の家は、重要な窓を比較的自由に配置することができるのも特徴です。位置も大きさも基本的には自由です。２×４や外張り断熱の家は大きな制約が有ります。窓の種類は何十にもおよびますが、これだけバリエーション豊かな窓を風向きや陽あたり、建て主の好みによって選ぶことができるのが、木造在来軸組工法です。窓を選べるというだけで、家づくりがぐっと楽しくなるから不思議です。

「いい家塾」の塾生がつくった家の中に、２階の一方の壁全面を大きな窓にした住まいがあります。やわらかい陽射しがたっぷり降り注ぎ、開放感はこの上もありません。さらに、窓をすべて開け放つと、涼しい風が屋内に通ってくるばかりか、デッキと部屋が一体になった「空中テラス」ができあがります。自宅にいながら空中テラスでお

目的や状況に応じた窓のいろいろ

■良い風景を楽しむ窓

■良くない風景に対応する窓(隣家が近い、すぐ横が駐車場や店舗)

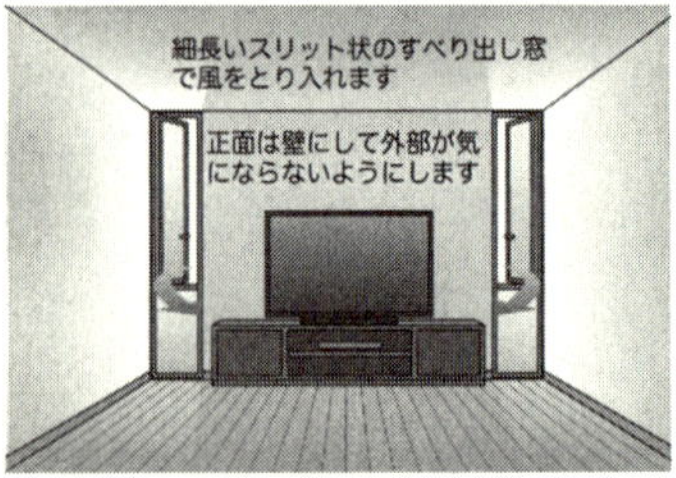

■同じ形、面積の窓でもつけ方で、こんなに違います

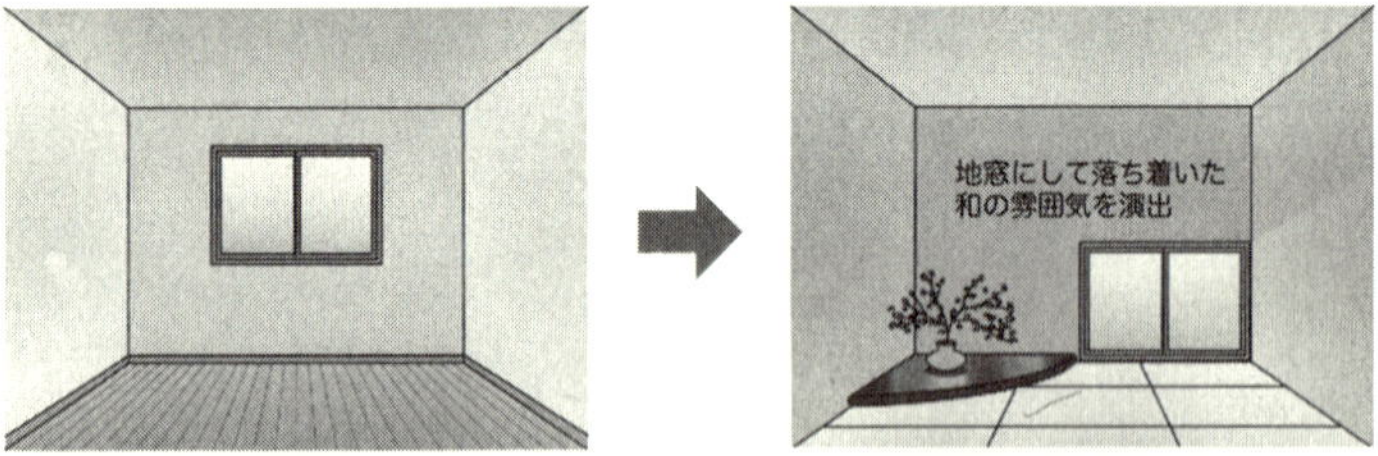

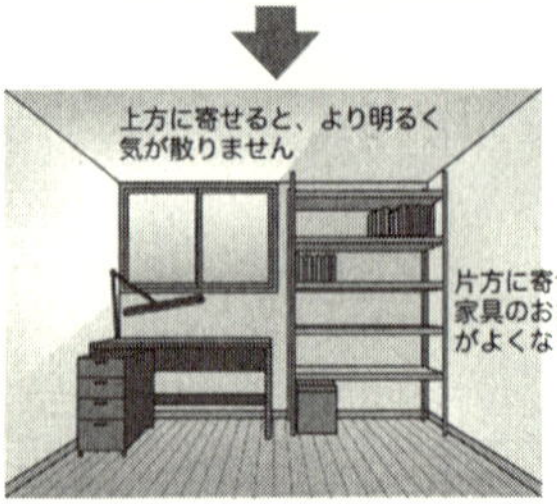

■窓を使った効果的な換気

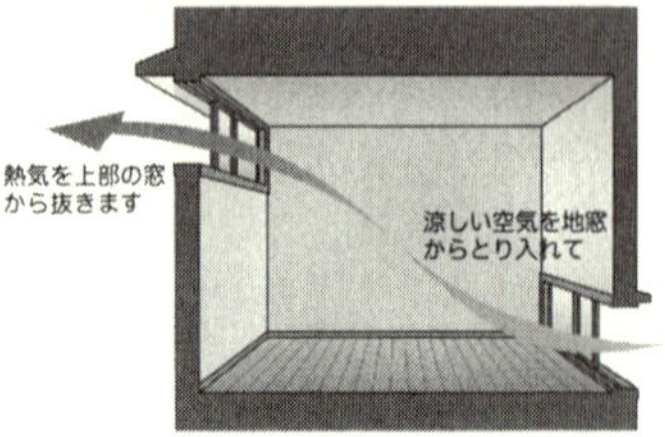

茶やランチが楽しめるなんて、素敵ではありませんか。

家づくりでは、とかく「間取りをどうするか」「部屋のデザインをどうするか」に気をとられがちですが、ぜひ、窓をプランニングする楽しさも味わってください。風が通り、なおかつ夢のライフスタイルが広がる住まいなら、住む人に限りない快適さを与えてくれます。

解決策　太陽光をコントロールする「庇《ひさし》」

木造在来軸組工法の特徴的な形といえるのが、三角屋根です。そして、屋根からは必ず「軒《のき》」が飛び出しています。また、窓や出入り口の上には、「庇《ひさし》」が付いています。

住宅が密集する都市部では、軒や庇をとりはらった、ビルのような四角い箱形の家も多く見かけます。このような洋風建築にとって、軒や庇は「取り除いても支障のない、特に必要のないもの」と映ったようです。ハウスメーカーのプレハブやパワービルダーの和風の家でさえ「庇」が省略されています。ですから、南面の窓には一年中日除けの簾が釣り下がったままの哀れな光景をよく見かけます。これでは景観が台無しですし、室内はいつも薄暗いでしょう。これも原因はコスト削減の結果でしょうね。

しかし、軒や庇は日本のように四季のある国にとって、大変に意味のあるものです。というのも、「季節によって太陽光をコントロールするという機能」を担っているからです。

夏場の太陽は、比較的高い位置にあります。頭上からカッと刺すような日光が照りつけてきます。これが家の中に入ってくると、家の温度はたちまち上昇し、暑くていてもたってもいられなくなります。カーテンやブラインドで陽射しを遮ればいいと考える人がいるかもしれませんが、窓の内側で陽を遮っても大きな効果はありません。それよりも、庇はそ

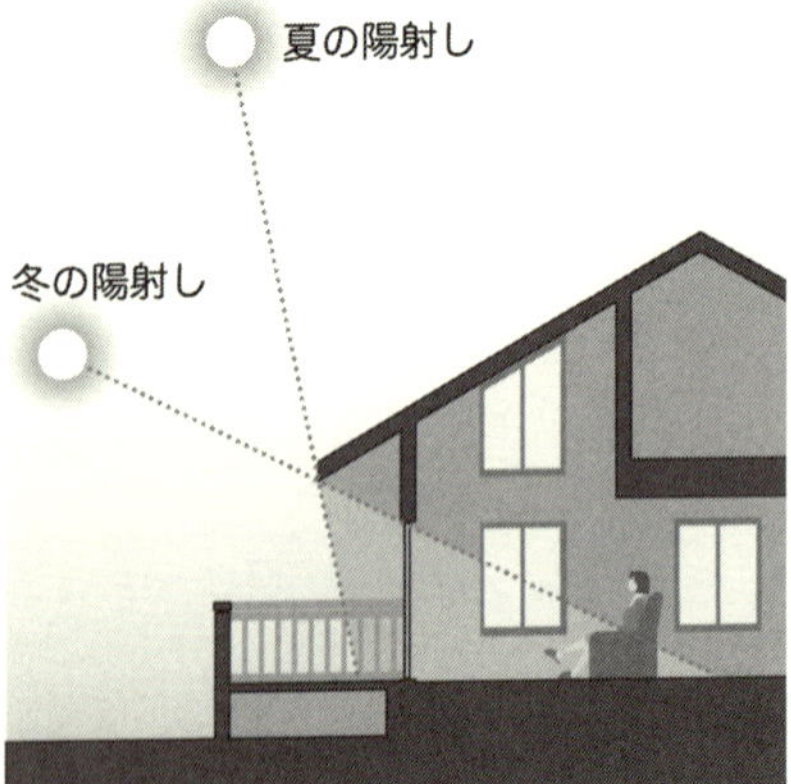

陽射しと軒《のき》・庇《ひさし》との関係

ここにあるというだけで、強い夏の陽射しを窓の外で遮り、室内の温度上昇を防いでくれます。

逆に、冬の太陽は比較的低い位置にあるので、室内に太陽光を採り入れるのに、軒や庇はじゃまになりません。寒い時期には少しでも太陽光を住まいに引き入れ、自然の暖をとりたいものです。軒や庇は、夏の陽射しは遮り、冬の陽射しを採り入れるのに、ちょうどいい長さと角度になっています。先人の知恵ですね。

四季をひとめぐりしたとき、軒や庇がどのくらい住まいの役に立つ存在か、実感できると思います。

解決策　木造在来軸組工法の家で季節を採り入れながら暮らす

土地があり余っている田舎ならともかく、いろいろな条件に制約される都市部では、なかなか理想どおりの土地を見つけるのが困難です。少し難はあるけれど、まずまず合格といえる土地に、工夫をこらして家づくりをする人がほとんどではないでしょうか。

土地が狭ければ狭いほど、庭や花壇などのスペースをつくらず、土地をめいっぱい住居に使いたい、と思うのが人情です。しかし、どういうわけか、土地をめいっぱい使って家をつくったのにもかかわらず「少しも広さを感じられない家」ができあがる場合があります。

ここに、長方形の小さな土地があるとします。まわりには住宅が密集しており、隣家との間隔もほとんどありません。家族構成は夫婦と子ども2人。書斎もつくりたいし、子供部屋もちゃんとつくってあげたいと、建ぺい率いっぱいの建築面積をとることにしました。完成した家は、確かに望みどおりの間取りです。寝室に子供部屋、小さいながら書斎。さぞかしのびのびと暮らせると思い、喜んで入居しました。

ところが、窓を開ければ、すぐ目の前にあるのは隣家の壁。外をながめようという気にはならないし、隣家の視線も気になって、昼間でもカーテンやブラインドをかけなければ落ち着きません。玄関側は道路に面しており、ドアを開けると、眼前を車が通り過ぎていくというありさま。広い家をつくったつもりが、どこか閉塞感のある、窮屈な家となってしまいました。

このように、「土地のぎりぎりまで建築面積にあてる」ことが、必ずしも広さを感じる家づくりになるとは限らないのです。

住まいの開放感は、「外への広がり」と密接に関わっています。例えば、家のまわりに少し余裕をつくっておくと、近所の家との間にほどよい距離感ができ、窓を開けたときにゆったりとした感覚を持てます。土地の一部にほんの小さな庭を設けるだけで、窓からの眺めが豊かなものになり、ほっと心が安らぎます。家が外にどう広がっていくかという視点が、息の詰まるような狭苦しさから解放されるコツなのです。

家を土地に対して平行にではなく、すこしずらして斜めに建てるというのもひとつの方法です。これによって、対角線の視界が生まれ、障害物から目線をずらせるようにもなります。

こういったときに役立ってくるのが、どの位置に窓をつけてもいいという木造在来軸組工法なのです。家の構造上、窓をつける位置に制約があると、風向きに沿った窓の設置が思うどおりできず、風通しの悪い家になってしまいます。しかし、窓の配置が自由なら、風が通りやすいように窓をつければいいだけの話です。

もし隣家や道路からの視線が気になる場合は、大きな窓はつくらず、床に近い位置に小ぶりの地窓をつけるだけでも、通気は確保できます。さらに、その対面に当たる位置に、大きめの窓を設けておけば、スムーズに風が通ります。

郊外の住まいでは、庭に季節の花を植え、春は窓からその色彩を楽しみ、夏になれば、家中の窓を大きく開け放って、ときおり吹く涼風を招き入れる。

庇《ひさし》が陽射しを遮ってくれるので、窓のすぐそばまで行って風を感じることもできます。板の間を素足で歩く心地よい感触は誰も否定しないでしょう。縁側に寝そべり、小春日和の淡い陽光を浴びて心和らいだ至福のひと時もあるでしょう。秋や冬は、枯れゆく周囲の風景をながめながら、窓辺でひなたぼっこ。雪見をしながら、ゆっくりとあたたかいお茶をすするのも粋です。

木造在来軸組工法には、日本人が「人間らしく暮らす」ための要素が、たくさん詰まっています。日本人の生活にぴったりとはまる、快適な住み飽きない家なのです。

コラム

「適材適所」の適材は、木材のこと

四字熟語に「適材適所」という言葉がありますが、適材の「材」とは何を指すのでしょうか。人材活用の場面で使われることが多いので、人材の「材」だと思っている方もいると思いますが、もともとの語源をさぐると、適材の「材」とは、建物を建てるときの木の使い分け、つまり、木材のことを指していました。

木はその種類によって、さまざまな性質をもっています。腐りにくいもの（ヒノキ、ヒバなど）、まっすぐ育って加工がしやすいもの（ヒノキ・スギなど）。やわらかくて軽いもの（キリなど）。硬くて丈夫なもの（ナラ・カシ・サクラなど）…。

土台や水回りに使う木は、硬くて腐りにくい木でなければなりません。内装に使う木は、木目が美しく手触りがやさしいほうがいいでしょう。柱にはまっすぐに育ち強度のある木が使われます。粘りがあって横からの力に強い性質をもつマツは、梁に多く使われます。サクラやナラなどの硬い木材は床材に適しています。このようにして日本では、木材の性質を上手に生かして建築に使ってきたのです。それが転じて、適切な人材を適切な地位におく、という現在の使われ方となりました。昔は今よりずっと木が身近な存在だったため、こんな言葉も生まれたのでしょうね。

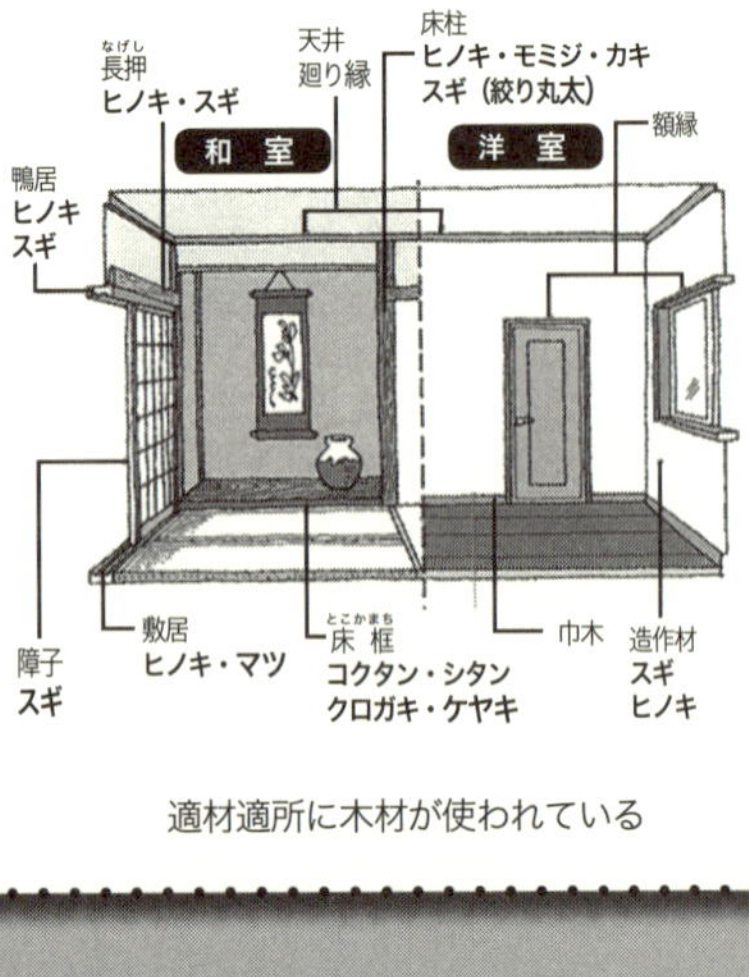

適材適所に木材が使われている

解決策

第5章　自然素材をふんだんに使った健康住宅

木材には無数の細かい穴があいている

「木をたくさん使った住まいは、心地いい」。このことに反対する人は少ないでしょう。しかし、木の特長をきちんと説明できる人は、そう多くはないと思います。この機会にあらためておさらいしておきたいと思います。

木材を顕微鏡で見てみると、細かいパイプ状の穴がぎっしり並んでいます。この細いパイプは、かつての水の通り道です。山林で樹木として生きているとき、根から吸い上げられた水は、このパイプを通って枝葉に運ばれます。しかし、伐採すると水を吸い上げる必要がなくなるため、だんだんと水分が抜け、パイプの中はからっぽになります。

スギ（針葉樹）の組織構造
写真提供：独立行政法人森林総合研究所

かつて水が通っていた微細なパイプが乾燥して空洞になり、その中に空気を含んでいること。木材のすばらしさは、すべてこの構造から始まっているといっても言いすぎではありません。

解決策　湿度を一定に保つ木材の調湿機能

伐採したばかりの木は、水分をたっぷりと含んでいます。建材として使うには、まずこの水分を抜いて、乾燥させなければなりません。木材の乾燥の過程は、２段階あります。

まず、第1段階として微細なパイプの中の水分が抜けます。微細とはいえ、肉眼でもかろうじて確認できる大きさですので、その中に入っている水分は、比較的簡単に抜けていきます。パイプの中の水分のことを自由に移動できる水、「自由水」と呼んでいます。

自由水が抜けきると、次は細胞の中に分子として結合している水分が抜けていきます。これが第2段階です。細胞中の水分は機械を使って強制的に乾燥すると、完全に乾ききってカラカラなりますが、自然乾燥させると周囲の湿度とバランスがとれたところで安定します。これを気乾状態と言い、このときの木材中に含まれる水分量を、平衡含水率と言います。

つまり、木材は周囲が乾燥していると細胞中の水分を放出し、湿度が高いと湿気を吸収して周りの湿度とバランスを保とうとします。この木材の性質が、結果として室内の湿度を一定に保つのです。木が呼吸していると言われるのは、こういう意味です。

解決策　木は天然の断熱材

木は熱伝導率が低い素材です。熱伝導率とは、熱の伝えやすさのことです。熱伝導率は、気体、液体、固体の順に大きくなり（熱が伝わりやすくなり）、実は、空気は身近な物質の中では一番熱を伝えにくい性質をもっています。空気が熱を伝えにくいというと、あまりぴんとこないかもしれませんが、それは空気がたえず動いているためです。動かない空気は断熱効果が非常に高く、断熱材の多くは、構造の中に動かない空気層をつくって熱を遮断しています。断熱効果が高く結露を起こしにくいと言われているペアガラスは、ガラスの間に空気層をはさむことで断熱性を高めていますし、羽毛布団やダウンジャケットが暖かいのは、羽毛と羽毛のあいだに含まれる空気層が、体温を外に逃がさないためです。

木材は固体ですが、最初に紹介したように、パイプ状の空洞の集まりで、中にたくさん空気を含んでいます。そのため熱伝導率が低いのです。ちなみに木材の伝導率を1とすると、コンクリートは約14倍、鉄にいたっては約300倍もの熱伝導率があります。鉄筋コンクリート造や軽量鉄骨造の建物が木造に比べて、冬は底冷えがしたり夏は大変暑かったり、外の熱気の影響を受けやすいのは、こういう理由なのです。

断熱効果が高いだけでなく、木材には温度を一定に保つ「保温性」があります。換気をすると部屋の温度は一時的に下がります。しかし、窓を閉めてしばらくすると、木材がそれまで蓄えていた熱量によって、室内はもとの温度に戻ろうとします。これは、一度温められると冷めにくいという木材の特性によるものです。

解決策　木の家で気持ちが安らぐ理由

調湿機能や断熱効果などのほかにも、木にはすぐれた特長があります。順番にあげていきましょう。

木をたくさん使った家に行くと、家中にほのかに木の香りがただよっています。この香りの正体は、フィトンチッドと呼ばれる物質です。フィトンチッドは植物から発散される物質の総称で、森のすがすがしい空気にも含まれています。樹種によってさまざまな種類があり、副交感神経を活性化させて気分を落ち着かせたり、身体の調子を整えたりする働きをするものもあります。みなさんよくご存知のアロマテラピーに、フィトンチッドを抽出した植物精油が使われることもあります。

また、木材は香りだけでなく、目にもやさしい素材です。木肌の黄色から赤の暖色系の色合いは、あたたかみを感じさせますし、木目のリズムは、機械で均一に引かれた線とは違う自然なゆらぎがあり、気持ちを落ち着かせる効果があります。同じようなゆらぎのパターンを持つものに、小川のせせらぎや、波の音、星の瞬きがあります。

また、木材の表面は、つるつるに見えてもパイプ状になった細胞の断面がわずかな凹凸をつくっており、これが光を拡散してやわらげます。さらに、紫外線を吸収してほとんど反射しないことも目を疲れさせない理由です。

解決策 木のぬくもりをもっと住まいに取り入れよう

肌触りのよさ、暖かさも木の特長の1つです。

真冬の公園のベンチを想像してみてください。一方は金属製で、もう一方は木製です。

金属製のベンチに腰かけるとどうでしょう。ヒヤッと冷たく、慣れるまでかなり時間がかかります。一方、木のベンチは、最初こそ少し冷たい思いをしますが、そのうちほんのりと暖まり、冷たさを感じなくなってきます。これは、木製のベンチが鉄より熱を伝えにくいので、体温がその場でとどまりやすく、暖かく感じるためです。

肌触りがよく床にして歩きやすいのも木の特長です。これは木に含まれた空気が適度な弾力を生むためです。硬い床を歩くと衝撃がすべて足に跳ね返りますが、フローリングの床では、木の適度な弾力性と全体の微妙なたわみが衝撃を吸収します。また、木目の凹凸が適度な摩擦となってすべりにくいため、足に余分な力がかからず、疲れにくくなります。

衝撃を吸収するのと同じ原理で、木材は室内の音も適度に吸収します。木の壁のコンサートホールは、まろやかで耳に心地よい響きがします。ただし、木材に直接何かをぶつけたときの音は結構響きますので、フローリングの床にする場合は、防音用の下地を張ったり、防音をかねて床下に断熱材を入れる必要があります。

解決策　無垢材を積極的に使う大工さんはたいてい腕がいい

製材・切削・乾燥以外の加工を施していない木材のことを、無垢材と言います。

木材は無垢のときに一番特性を発揮するのですが、その反面、キズがつきやすかったり、乾燥が進むと縮んだりするという弱点をもっています。なおかつ、金属やプラスチックのように均一な素材ではないので、縮み方も一定ではありません。乾燥が不十分な木材を安易に使うと、縮みや反りや割れの原因になります。家ができてからひずみが生じ、隙間が開いてしまうこともあるので、木材は使う前に十分に乾燥させることが大切です。家の骨組みとなる構造材は、含水率20％程度、床や壁に使う内装材は、よりシビアに変形を抑えなければならないので、10％程度が望ましい含水率です。

建て主が無垢材を使いたいと希望すると、施工業者が「無垢は縮んだり、反ったりするので…」と難色を示す場合があります。確かに施工業者にとっては、変化の少ない均質な工業材料のほうが建てやすいのは事実です。しかし、施工する段階で十分に乾燥させていれば、縮みや変形をそれほど心配することはありません。また、無垢材の建築が得意な大工さんは、どんな木材をどこに使うと縮みなどの影響が少ないかを経験上知っています。これは、あくまでも私の印象ですが、無垢材を積極的に使ってくれる大工さんは、自分の腕に自信があり、いい仕事をしてくれる方が多いようです。

しかし、木は天然の素材で工業製品ではありませんので、100%変形をなくすことはできません。建て主側も、木材の性質を知って、多少の変化は味わいとして寛容に楽しんでもらえればと思います。

解決策　木材の適材適所とは？

前述のとおり、木材は均質な素材ではないので、使い方に工夫が必要です。

「適材適所」という言葉がありますが、これは家を建てるときに適所に適材を使うことの大切さを説いた言葉が語源となっています。適材の「材」とは、木材のことなのです。

それでは、簡単に木材の適材適所をご紹介しましょう。

まず、木材は針葉樹と広葉樹に分かれています。建材として見たとき、ポイントとなるのは針葉樹と広葉樹の生長の仕方です。

植物が生長するには、太陽の光が欠かせません。針葉樹は光を浴びようと、上へ上へとまっすぐ伸びていきます。それに対し、広葉樹は枝や葉をあちこちに広げることで光を浴びようとします。

また、針葉樹は生長が速く、およそ40～60年で建材に使えるぐらいに育ちますが、広葉樹はゆっくりと大きくなるため、建材にするには倍以上の年数がかかります。しかし、生長が遅い分、密度が高く硬い材になります。傷つきにくく、すり減りにくいので、床材や家具などによく使われます。一方、針葉樹は、生長が速く長い材がとれることや、均質に真っ直ぐ育ち加工がしやすいことから、柱、梁、桁などの構造材に使われます。土台にもヒノキやヒバなどの針葉樹が多く使われています。

建材としてよく使用される代表的な樹種をあげると、国産の針葉樹ではスギ、ヒノキ、ヒバ、外国産材ではベイマツ、国産の広葉樹ではクリやケヤキ、ナラ、タモなどです。樹種によって例外はありますが、一般に針葉樹はまっすぐで、軽量で柔らかく加工が容易、広葉樹はまっすぐの材を手に入れることは難しいけれど、硬くて丈夫と覚えておけばよいでしょう。

外国産材で中でも安価で耐久性の少ない材木を使用する場合は防腐・防蟻処理が必要ですので使わないでおきましょう。

最近はスギで床を張ることがありますが、やわらかい素材なので、傷が気になる方や椅子中心で生活される方は、従来どおり硬いナラやタモを使ったほうが安心です。じかに座ったり、素足で歩いたりすることが多い場合は、やわらかくあたたかみのあるスギのフローリングは快適に過ごせるでしょう。ライフスタイルに応じて素材選びをおこなうことも、適材適所と言えます。

解決策　木材以外の自然素材

天井や壁にも無垢材を使う方法はありますが、室内に変化をつけたい場合は、珪藻土や漆喰など、他の自然素材を使う方法があります。当塾で良く使う代表的なものをいくつかあげてみましょう。

●珪藻土《けいそうど》

珪藻土は、植物プランクトンが堆積して土になったものです。珪藻土には小さな穴が無数にあいており、超多孔質な構造です。消臭・吸放湿・通気などの機能があり、室内の悪臭を吸着し、吸放湿するため結露をおさえて、カビの発生を抑制します。

●漆喰《しっくい》

お城の壁や土蔵などに古くから使われてきた壁材です。石灰の中に、海草糊や麻をまぜてあわせたもので、乾くと固まります。防火性や調湿性に優れています。

●シラス壁

火山灰を原料にしています。火山灰は、高温のマグマで焼成された高純度無機質の天然のセラミクスです。非常に細かい微粒子の中に無数の穴のあいた多孔質な構造です。多孔質であるということは、消臭や調湿、断熱・消臭機能があります。

●ホタテ貝殻壁

ホタテの貝殻を細かく砕き、焼成したものを主原料にしています。殻の持つ多孔質性やカルシウムによって、調湿性や消臭性、耐火性に優れています。また、ホタテの粉末は殺菌作用が強く、カビを抑える働きがあります。

●和紙

和紙は原料が木ですので、やさしい肌ざわりやぬくもり、吸放湿性など木の特長を残した素材です。強度があるうえに、重ね貼りができるので補修も簡単です。

ご紹介した素材は、木材と同じく天然の素材ですので、素材の段階で微妙に色目が違ったり、施工した後に小さなヒビがはいったり、和紙のように時間が経つと陽焼けして多少変色するものもあります。しかし、自然素材の良さは、古くなってもそれが味わいになることと、上から重ねることで簡単に補修ができることです。

建てた直後が一番きれいで、時間が経つにつれ、だんだんとみすぼらしくなるのは普通の家、年を重ねるとともに風合いが増し、味が出るのが自然素材の家なのです。

解決策　建材も食品と同じくチェックしよう

「いい家塾」13期生のKさんは、13年前に建てられた注文住宅に住み始めてからシックハウス症候群で体調を崩し、今も苦しんでいます。病院で診断されて初めて、自分がシックハウス被害者であることを知ったそうです。それまでは他人事としか考えていなかったので、家づくりにも無頓着でした。教室で、「知らなかったから後悔することになりました。皆さんは私と同じ苦しみを味わわないようにしてください」と述懐されました。

食の安全に対する認識は高まってきましたが、住の安全に対してはまだまだです。Kさんのような話を聞くと、できるだけ自然素材を使ってほしいと願わずにはいられません。

自然素材を使うとき、気をつけなければならないのは素材の中身です。なかには自然素材をうたいながら、化学材料をたくさん混ぜ込んでいるものもありますので、注意が必要です。もちろん、比較的安全性の高い化学材料を使って、自然素材の良さを活かしながら、簡単に施工できるように工夫されているものもあります。

自然物でもスギ花粉のようにアレルギーを起こすものもありますし、自然素材が全て素晴らしく、化学材料が全て悪いものかというと、そういうわけではありません。

私が言いたいのは、自然素材という言葉に安心するのではなく、食品と同じようにどんな材料がどれだけ混ぜてあるのか、何が良くて何が悪いのか、自分自身でチェックする目を持つべきだということです。

「事例紹介」優秀な自然素材の生活用品の紹介

生活用品大手企業の、P社（米）、K社やL社などは、石油系化学合成洗剤で大きなシェアーを確得している。しかし、石油系合成洗剤による湖水の富栄養化や河川の汚染が進み社会問題になりました。

一方、植物由来のヤシの木の実で洗剤や消毒液などで、石油化学商品に対抗している「サラヤ」という企業が大阪にあります。公共施設やオフィスの洗面所にある緑色の薬用せっけん液や、台所用「ヤシノミ洗剤」で知られる衛生・健康関連メーカーです。創業者の更家章太氏に始まる「人間と自然との共生」を企業理念に自然由来の成分を使った商品開発にこだわり続けてきた「自然派」企業です。

40年前からアブラヤシのパーム油から生成した石鹸成分にハーブ成分を加え手

肌に優しい洗剤を製造販売している。毎日使用する商品なので自然素材だけに身体にやさしいので消費者の評価が高い。また洗った後の排水が微生物によって分解されるので環境負荷も少ないのでもっと注目して欲しい商品です。また、ウイルス・真菌にも効く速乾性手指消毒剤「ウイル・ステラ」シリーズは工業技術賞を受賞している。「衛生・健康・環境」に関する多様なニーズに対応して多くの優れた商品群を輩出している企業です。

そんなサラヤは、２００４年、原料であるパーム油をめぐる環境問題に直面、2代目現社長の更家悠介氏は、環境保護活動にも力を入れ始める。「消費者と環境に本当に優しい商品づくりとは何か」を常に問い続け、「自然派」に、こだわり続けている。さらに、更家悠介氏は「利益は社会貢献に資する」と言い「社会派企業」でもある。

原材料は赤道直下のボルネオ島で採取される。植林されたアブラヤシの広大なプランテーションで育ったヤシの実から油を採取し、これを原料に洗剤が生産される。

私は1970年からボルネオ島のマレーシアで南洋木材の開発に従事していたので、少なからずご縁があり「サラヤ」に注目してきました。当時、ジャングルでラワンなどの大木を伐採し日本に輸入していたのです。伐採した後の小さい木などは、原住民が焼き払い焼き畑農業をするのです。その後、熱帯雨林の破壊など森林環境保護に対する関心が世界的に高まり私も撤退を余儀なくされました。その後、持続可能な森林資源の管理を行う国際的な審査機関である森林管理協議会FSCも設立されました。

そんな環境変化の中、マレーシア州政府がアブラヤシの植林を奨励し大規模なパームプランテーションが出現するようになり現在に至っています。終章で記述します

コラム

川柳と遊楽について

私の趣味の一つが川柳を詠むことです。上方文化人川柳の会「相合傘」の同人として毎月の例会で楽しんでいます。川柳は俳句と同じ五七五の１７字で世界一短文の文芸です。違いといえば、俳句は「季節」を詠み「川柳は「人」を詠みます。俳句は多くの決め事があり天邪鬼な私には苦手です。江戸時代に商人の間で広がった川柳は自由奔放に世間の出来事や人の心にまでずかずかと入ってきます。いい加減な私には相性が良いのです。よく「川柳は言葉遊びですね」と言われますが私は「心遊び」だと決めています。世相の移ろいに、人心の危うさが絡まるととんでもない世界に遊ぶことができるのです。ひとり、にたりと膝を打ち合点している私の姿は異常でしょうか。

遊楽主催で「やすみりえ川柳サロン」を開催。
右　川柳作家　やすみりえ氏　と筆者

「遊楽」考

「遊楽」は私の雅号（柳号）です。そもそも「遊楽」という言葉は、井原西鶴によって広められたと思います。江戸前期に浪花が生んだ文豪であり粋人でした。近世小説史上に一時期を画したことで有名です。町人物の「日本永代蔵」や「世間胸算用」に注目すると、商人の精神や在り方、今流にいえば経営理念や行動規範を説いています。

近江商人はこれに注目、商売には人格や振る舞いが深くかかわると考え多くの商家には「始末・算用・才覚」をモットーとした家訓が残されています。しかし、西鶴が「日本永代蔵」で商人の精神を説いたのは「始末・算用・才覚・遊楽」でした。４番目のキーワード「遊楽」をなぜ近江商人は排除したのでしょうか。

日本は長い間貧しく、泥にまみれ額に汗して勤勉・努力を旨としてひたすら働いてきました。遊ぶとか楽をするという行為は論外であり罪悪と決めつけた節も伺えます。

では、西鶴が説いた「遊楽」の真意はどのような精神だったのでしょうか。例え逆境に直面しても、明るくゆったりとした遊び心で苦をも楽しむくらいの余裕。心の陽性でありプラス思考が、自らを幸せに導くキーワードだと私なりに理解しました。

車のハンドルやブレーキに遊びがあるから安全に運転ができます。ここ一番で実力を発揮するには「遊楽」の、事を楽しむ余裕が実力を発揮できるのだと思います。

希望を持ち明るく元気に、仕事に生活に人生を楽しんでまいりたいと心がけています。

解決策

第6章

最適な断熱施工で結露を防ぎ
夏涼しく冬暖かい快適生活

解決策 断熱ってどういうこと？

第1章で私は、住まいで重要なキーワードのひとつに断熱があると書きました。断熱材の素材を何にするか、どのような断熱工法を選ぶかによって、住み心地が天と地ほども違ってくるからです。また、住む人の健康にも大きく影響します。

しかし、「あなたの家では、どんな断熱をおこなっていますか」という質問に、「うちは○○という断熱材を□ミリ、△△工法で入れています」と即答できる人は、ほとんどいないと思います。かろうじて、外張り断熱という言葉ぐらいは、コマーシャルなどで聞いたことがあるかもしれません。でもそれが、どのような工法で、メリット・デメリットがどうなのかは、ご存じない方が多いのではないでしょうか。

しかし、私は、それではいけないと思うのです。住み心地を左右し、健康にも大きく影響する断熱について、消費者はもっと真剣になるべきです。「知らなかったから」で、泣きを見るのは、他でもないその家に住むあなた自身だからです。

第6章

住み心地のいい家とは、一言でいえば、夏涼しく冬暖かい家です。真夏の熱気や冬の厳しい寒さを室内に入れないように、また、快適な室温を外へ逃がさないように、建材などを使って熱をさえぎることが断熱です。そのために、最近の住宅はいかに隙間をふさいで高気密にするかを重視して、断熱材や断熱工法が開発されています。断熱と気密がセットで語られるのはこのためです。

しかし、「高気密・高断熱」の住宅では、注意しなければならないとても重要なことがあります。それは、汚れた空気が部屋にこもってしまうことです。とくに、化学物質を多く含む新建材で建てた住宅では、シックハウスの原因となるホルムアルデヒドやクロルピリホスなどがこもってしまうことが心配です。そのため、平成15年に改正された建築基準法では建材への化学物質の使用が制限され、同時に、24時間機械換気設備の設置が義務付けられました。汚れた空気や有害物質を適切に排出するためです。

しかし、一方で、自然素材を使えば、ホルムアルデヒドなどの有害物質を元から避けることができます。いい家塾では、そちらのほうが望ましい方法であり、本質的な解決方法だと考えていますので、おすすめしています。

また、もうひとつ注意しなければならないことは、断熱施工を適切におこなわないと結露が発生することです。断熱の問題は、結露の問題でもあります。夏涼しく冬暖かく快適に暮らすだけでなく、シックハウスや結露を防ぐためにも、自然素材の断熱材を使い、適切に断熱施工することは非常に重要なことです。

解決策　結露の発生するしくみ

冬場、窓ガラスやサッシ付近にびっしりつく結露。いやなものですね。

結露は土台や柱などの構造材を腐らせる原因となり、家の強度を大きく損なって耐用年数を縮めます。また、水分を多く含む木材には好んでシロアリが寄ってくるため、シロアリ被害によって、やはり、家の寿命を縮める恐れがあります。

さらに、結露はカビの原因にもなります。カビが生えるとバクテリアが発生します。それをエサにダニが繁殖して、喘息やアレルギーを引き起こすなど、健康にも良くありません。建物にとっても、人にとっても、結露は万病のもとなのです。

この厄介者の結露は、どうすればなくすことができるでしょう？

敵を攻略するには相手を知ることから。まずは結露が発生するしくみをみていきましょう。

空気は窒素、酸素、二酸化炭素などの気体から成り立っていますが、それとは別に水蒸気（水が気体となったもの）を含んでいます。水蒸気は非常に小さな気体で、酸素や窒素の大きさが10万分の38～42㎜であるのに対して、水蒸気は10万分の４㎜の大きさしかありません。この空気中に含まれた目に見えない水蒸気（気体）が、冷たいものに触れて水（液体）になる現象が結露です。

水蒸気が冷たいものに触れて水になるのは、温度によって水蒸気の飽和量（空気中に含むことのできる限度の量）に違いがあるからです。温度が高いほど飽和量は大きく、温度が低いほど飽和量は小さくなります。つまり、暖かい空気はたくさんの水蒸気を含むことができますが、それに比べて冷たい空気は水蒸気を少ししか含むことができません。ですから、暖かい空気が冷やされると、空気中に含んでいられる水蒸気の飽和量が小さくなり、その量を超えた水蒸気は空気中にとどまることができずに、水になってしまいます。これが、窓ガラスや壁に付着したのが結露です。

よく、水蒸気を湯気と混同されている方がいるのですが、湯気は水蒸気をたっぷりと含んだ熱い空気が一気に冷やされて、大量の水蒸気が小さな水滴（液体）となって空気中に漂ったものです。お湯を沸かしているヤカンの口をみると、口から少し離れたところで白い湯気になっているのが見えるでしょう。これは、沸騰して気体となった水蒸気がヤカンの口から離れ、まわりの冷たい空気に触れて、湯気となっているのです。水蒸気は目に見えない気体であり、液体である湯気とは違うことを知っておいてください。

真冬の窓ガラスやアルミサッシに結露がつくのは、部屋の暖かい空気が外気に接しているガラスやアルミに触れて冷やされ、その表面で水蒸気が水になるからです。同じガラスでもペアガラスが結露しにくいのは、外側のガラスは外気に接していますが、2枚のガラスの間に空気層があるため、内側（部屋側）のガラスがそれほど冷たくならないからです。つまり、十分な断熱ができ、暖かい空気が冷たいものに直接触れないようなつくりにすれば結露は防げます。

つまり、断熱施工がきちんとできていない家は冬の寒さを防げないだけではなく、寒さをしのぐために室内を暖房で暖めるので、水蒸気をたくさん含んだ暖かい空気が室内に充満し、その空気が外気に冷やされた床、壁、天井など、あちこちの箇所で結露するのです。断熱が大事なのは暑さ寒さを防ぐだけでなく、結露防止にとっても重要な役割があるためです。

もうひとつここで確認しておきたい現象は、窓ガラスやアルミサッシは結露しやすいのに、障子や木枠には結露はあまり起こらないということです。これは、和紙や木材はガラスやアルミに比べて冷たくなりにくい（正確には熱伝導率が低い）素材であることに加えて、水蒸気や水を吸収する性質を持っているからです。そのため、水蒸気は結露する前に和紙や木材に吸収されます。水蒸気を吸収する性質を「吸湿性」といい、水を吸収するのは「吸水性」です。ガラスやアルミには吸湿性がないことも、結露が起こりやすい原因です。このことも大切ですので、覚えておいてください。

解決策　断熱施工の方法は、それでだいじょうぶ？

つまり、夏の暑さや冬の寒さを防ぎ、なおかつ、結露を防止するためには、次の条件を満たすことが必要です。

①まず、当たり前のことですが、断熱性の高い断熱材で適切に断熱施工をすること。

②結露の起こりやすい箇所（暖かい空気が冷たいものに触れる箇所）に、水蒸気を入れないこと、ためないこと。

③水蒸気が発生してもそれを吸湿し、結露が発生してもそれを吸水する、つまり、吸湿性と吸水性を備えた断熱材を使うこと。

では、どのような断熱施工や断熱材だと結露が発生してしまうのでしょうか。

ここでさきほど説明した結露が起こるしくみを思い出してください。結露は、暖かい空気が冷たいものに触れる箇所にできるのでしたね。

戦後すぐに建った安普請の家は、断熱への配慮がほとんどなかったので、次頁のように外壁と内壁の間が空洞で、そこに外気が入り放題でした。もっと極端な場合は、壁1枚で家の外と中が隔てられていただけでした。そのために、冬場に寒さをしのぐために室内を暖房すればするほど、暖まった室内の空気が外気で冷やされた内壁に触れて、（A）に結露が発生していました。当時に建てられた家は寒さや暑さ十分に防げないだけでなく、結露するのが当たり前の家だったのです。

そこで、外壁と内壁の間に、断熱性の高い素材を詰めることで、寒さや暑さ、結露を防ぐ家が建てられるようになりました。しかし、下図のような断熱材が十分に充填されていない、いい加減な断熱施工では、十分な断熱効果が得られないだけでなく、結露も防げません。やはり、(A)に結露が発生してしまいます。結露に悩む家の中には、残念ながら、このような施工が少なくありませんでした。

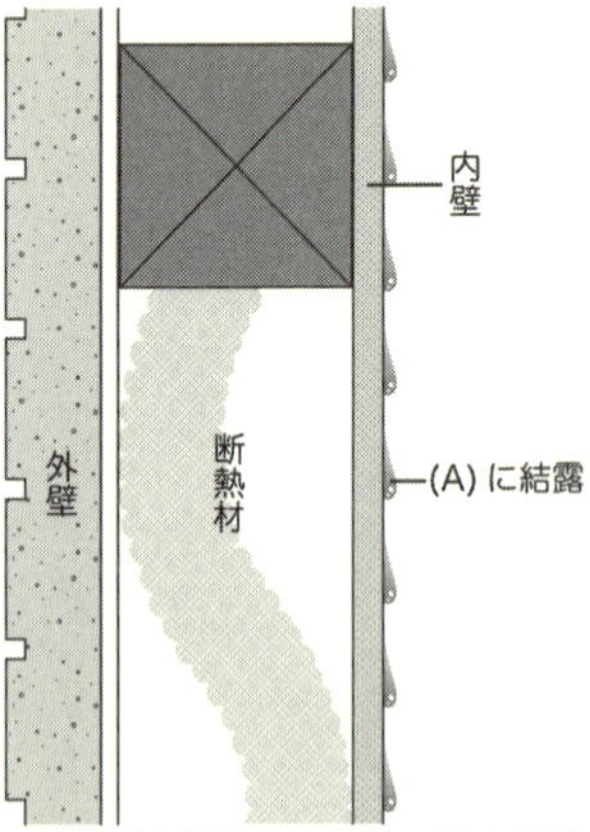

いい加減な断熱施工では、壁の内部はスカスカ

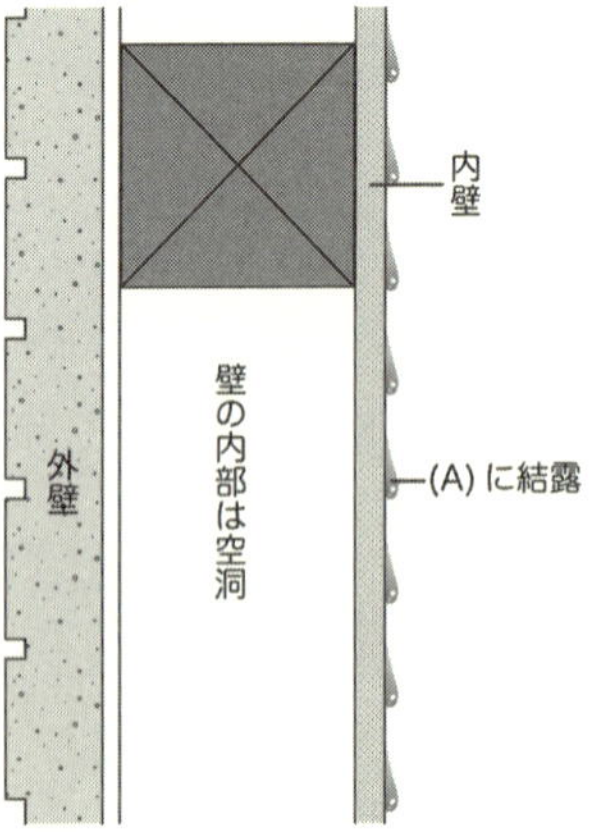

戦後すぐの安普請の家は、断熱施工はありませんでした。(壁の中は空洞)

下図では断熱材が十分に充填されています。そのため、断熱もしっかりと効いていますし、内壁が冷えないので、結露も起こりません。しかし、空気はわずかなすき間でも入り込むので、断熱材を十分に充填しているつもりでも、少しでも隙間があれば部屋の暖かい空気が壁の中に入り込み、外の冷たい空気と接する（B）の境目に結露が発生していまいます。このように、壁などの構造の内部に発生する結露を内部結露と言います。

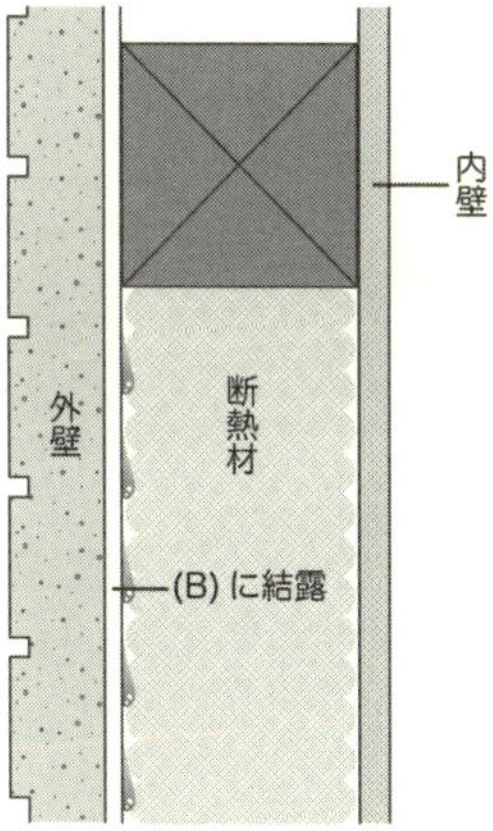

部屋の空気が壁の内部に入り込んで、内部結露が発生

内部結露は目に見えない箇所に生じるので、普段の生活では気がつきにくく、放置されがちです。そのため、知らないうちにカビが大量発生したり、柱や土台などの構造材を腐られたり、深刻な問題を引き起こします。

では、内部結露はどのように防げばいいのでしょうか？

問題提起

「高気密・高断熱」の注意点

内部結露を防ぐには、できるかぎり隙間なく断熱材を充填して、壁の内部に室内の暖かい空気の入り込む余地をなくすことが大切です。しかし、壁の内部は筋かいが斜めに渡されていたり、窓などの開口部があったり、コンセントボックスが出っ張っていたりして、けっこう複雑な構造になっているので、断熱材を充填して隙間を完全になくすことは実際には非常に困難です。

では、発想を変えて、そもそも壁の中に部屋の暖かい空気が入らないように、完全にシャットアウトすれば、内部結露は起きないのでは?

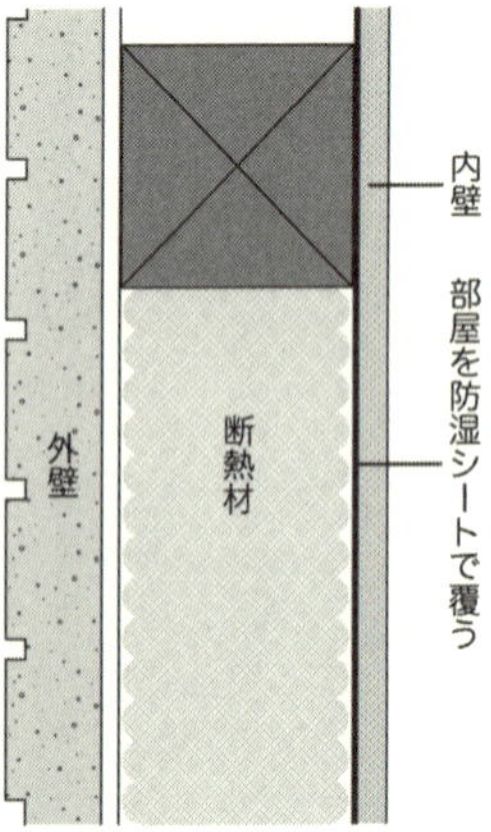

部屋を防湿シートで完全に覆った高気密・高断熱の施工

そう考えて登場したのが、内壁材の下地を「防湿シート」で完全に覆って気密を徹

底的に保つ状態にした家です。いわゆる「高気密・高断熱」と言われる住宅の多くでこのような施工方法がとられています。確実に施工すれば、室内の暖かい空気(水蒸気)が壁の内側に入り込まないので、確かに、冬場の内部結露は抑えられます。

しかし、高気密であるということは、室内の湿気(水蒸気)や汚れた空気も外に出ていきません。こうして閉じ込められた湿気(水蒸気)は、暖房が届きにくく室温が下がるタンスの裏の壁や押し入れの合板の表面で結露となる恐れがあります。ビニールクロスや合板は吸湿性がないからです。さらに、内装材に化学物質を含む素材を使用している場合に高気密にすると、シックハウスの原因を充満させる恐れがあります。

これを解消するには、何をしなければいけませんか?

そう、換気です。実際に、高気密・高断熱住宅では、換気の重要性を説いています。

前述したとおり、平成15年に改正された建築基準法では、24時間機械換気設備の設置が義務付けられました。しかも、同法では、換気回数は1時間に0・5回以上を満たすことが必要だとされています。これは、2時間で1回以上、つまり、部屋の空気が2時間で全部入れ変わる必要があるということです。そうすることによって、ホルムアルデヒドなどの揮発性有機化合物や、部屋に滞留している汚れた空気や水蒸気を排出し、きれいな空気に入れ替えることができます。

24時間機械換気設備の設置は義務付けられていますので、「いい家塾」でも順守していますが、私は「防湿シート」で「高気密」にしたうえで、一方で24時間換気をしなければならないというのは、矛盾した方法だと感じています。これは国が現在の住宅はシックハウスであると認めたことになる。本質は、有害な化学物質建材の使用を禁止すれば解決するのにいつも対処療法でお茶を濁す。これも業界擁護としか受け取れないと私は指摘してきました。「高気密」でない一般の住宅なら、壁と床、壁と天井の継ぎ目、あるいは、窓などの開口部の周辺に空気の出入りする程度のわずかな隙間はあり、1時間に0・5回以上の換気は自然になされます。そのうえで、調湿性や透湿性のある自然素材で断熱施工をすることが、より健全な方法だと考えています。

「高気密・高断熱」でも起こる逆転結露

ところで、高気密にして壁の内部に室内の暖かい空気（水蒸気）が入り込まないようにしても、内部結露が生じる場合があります。逆転結露という現象です。

いままで説明してきた内容は、冬の結露を想定した対策でした。しかし、ご存知の通り、日本には四季があります。日本で暮らす限り、夏になれば高温多湿になり、冬になると低温乾燥するのが宿命です。四季の移ろいは美しいものですが、簡単に衣替えができない〝家〟にとっては、なかなか厳しい環境なのです。

蒸し暑い真夏の日に室内でクーラーを入れれば、冬とは逆で内側が冷たく、外側が

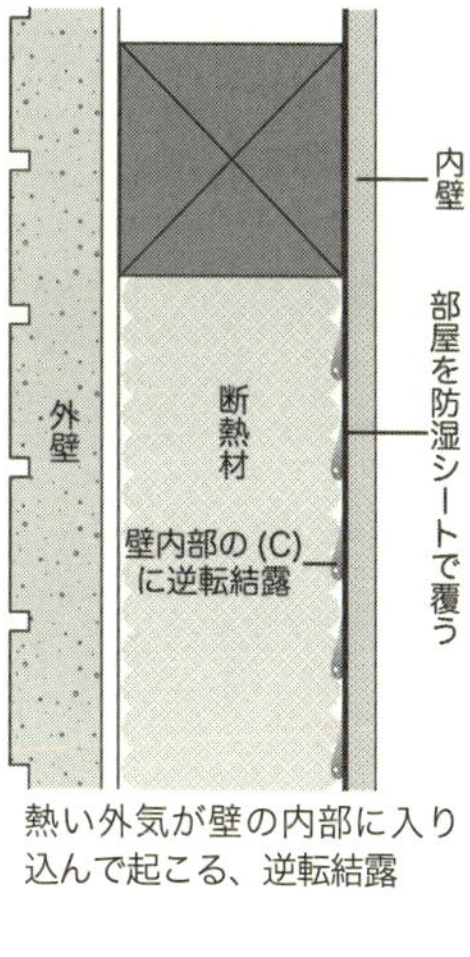

熱い外気が壁の内部に入り込んで起こる、逆転結露

熱い状態になります。つまり、今度は水蒸気を含む熱い外気が壁の中に入り込み、冷えた室内と接する(C)の境界で結露が起きてしまいます。これを逆転結露と言います。

このように、水蒸気を含む暖かい空気はわずかでも隙間があれば入り込み、冷たいものに接する箇所があるなら、どこにでも結露は起こる恐れがあるものなのです。

解決策

究極の断熱セルローズファイバーZ工法 結露を防ぐ鍵は、調湿性と透湿性

「防湿シート」で「高気密」にしなくても、吸湿性や吸水性にすぐれた断熱材を使い、適切に断熱施工をすれば、結露は防ぐことができます。室内の暖かい空気（水蒸気）が多少、壁の中に入り込んでも、断熱材が水蒸気を吸収してくれるからです。

日本の住宅の断熱材で、これまでもっとも普及してきたのはグラスウールです。断熱性にすぐれているのはもちろんのこと、とても安くて、施工のしやすい断熱材です。

ただし、ガラスを材料にした（繊維状に加工した）素材なので、吸湿性や吸水性はほとんどありません。今は、非常にさまざまな断熱材が開発されています。ぜひ、吸湿性や吸水性にすぐれた断熱材を選んで使ってください。中でも、「いい家塾」ではセルローズファイバーという断熱材を使ったZ工法を標準装備にしています。

このZ工法を開発したのは(株)ゼットテクニカ代表で盟友でもある山本順三氏です。彼はいい家塾のサポーターであり監事でもあります。

約30年以上に亘り断熱一筋で自らを断熱屋と称し、多くの悩める人々を救済してきました。

セルローズファイバーは断熱性が高いうえに、素材自体に水蒸気を吸収する吸湿性があります。正確にいうと、水蒸気を吸収するだけでなく、乾燥した季節には水蒸気を放出するので、まわりの湿度に応じて水蒸気を吸放出して湿度を調節する調湿性を備えています。

セルローズファイバーの原料は、新聞紙を細かく砕いて繊維状にしたものです。紙はもともと木からできていますので、その繊維は木質繊維に分類されます（グラスウールは無機質繊維）。つまり、セルローズファイバーには、木の持っている調湿性が備わっているのです。しかも、細かく砕かれて綿のようになっているため空気を多く含み、木材そのものよりもさらに断熱性が高くなっています。紙でできているので、人体に害のない自然素材であることも、おすすめする大きな理由です。

下図は、セルローズファイバーを使った断熱施工の事例です。内壁には「防湿シート」を貼っていません。壁の内部にセルローズファイバーを十分に充填しますが、多少は部屋の暖かい空気（水蒸気）は入ってきます。しかし、それを吸湿するので、内部結露はほとんど起こりません。

また、外壁の下地には「透湿・防水シート」を貼ります。これは、水蒸気だけを通して、空気（酸素や窒素）を通さない性質をもったシートです。

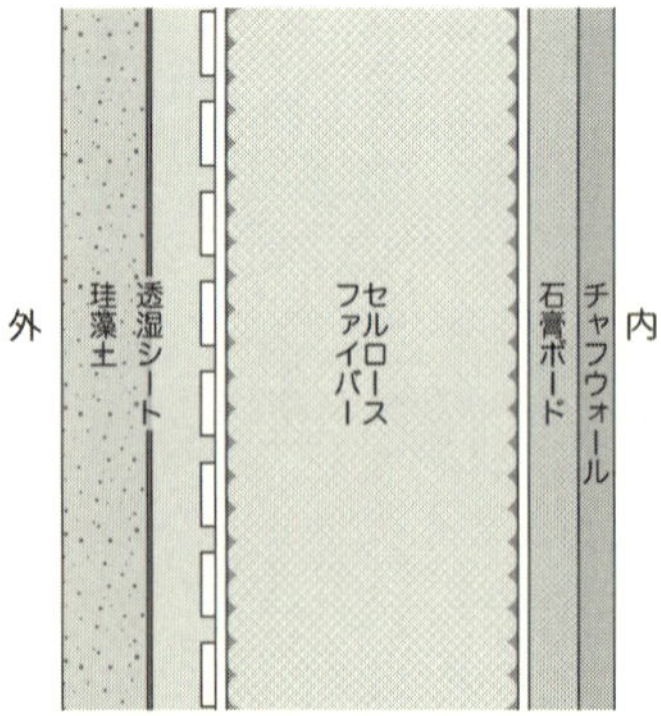

セルローズファイバーと自然素材を使った断熱施工の例

水蒸気は酸素や窒素よりも小さな気体であることは覚えていますか？　つまり、酸素や窒素は通れなくて、水蒸気なら通れる大きさの穴が無数に開いているのです。ですから、壁の内部の水蒸気は、このシート通過して外部に出ていきます。「防水」機能も備えているので、雨が壁の内部に入るのも防いでくれます。

最後にセルロースファイバーZ工法の基本性能をまとめておきます。

断熱・防露・防音・耐火・防虫・防カビ・防錆の各性能において、多くの高い性能が実証済です。

問題提起　外張り断熱の問題点

最後に、最近よく耳に知る「外張り断熱」についても簡単に触れておきましょう。

この断熱施工の大きな特徴は、壁の内部に断熱材を充填するのではなく、柱の外（外壁の下）にポリスチレンフォームやウレタンの断熱ボード打ちつけて、基礎から屋根まで途切れずぴったりと家の外側を覆ってしまう工法です。また、断熱ボードの内側には「防湿シート」を貼って、気密性を保ちます。それによって、壁の内部までを室内側にすることで内部結露が抑えられます。

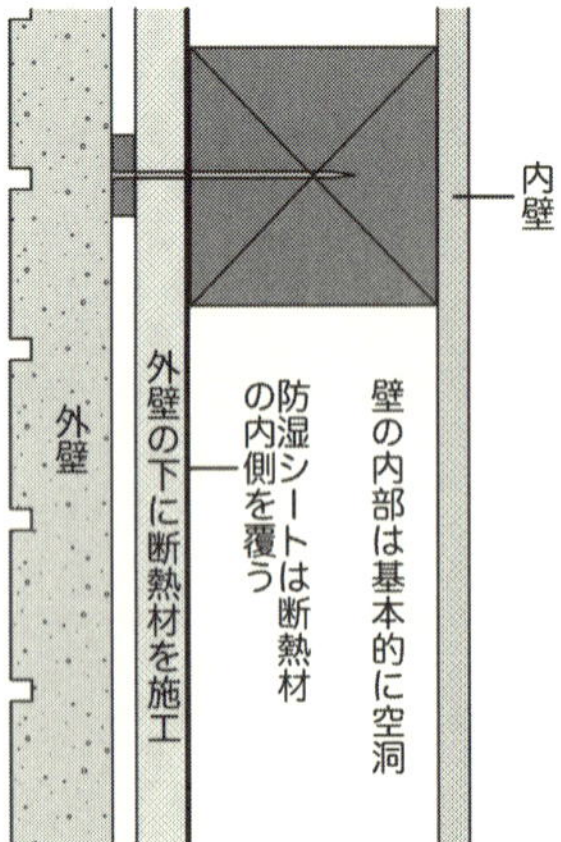

外張り断熱では、壁の内部は室内側となります。

しかし、壁の内側であっても外側であっても、「防湿シート」で「高気密」にした以上は、24時間機械換気は必須になります。また、外張り断熱は、壁の内部が空洞のため反響音があったり、柱に直接ボード状の断熱材を打ち付ける工法のため、断熱材自体の厚みが十分に取れなかったり、施工コストが高いなどのデメリットもありますので、「いい家塾」ではわざわざ「外張り断熱」を選択する必要はないと考えています。

「第1章　問題事例　外張り断熱の家の悩み」参照

成果事例　これぞ終の棲家「高断熱で真冬でも暖房いらずの家」

夫婦で住む「終のすみか」は、暖かな平屋建て

大阪府・９期生　三浦邸

三浦さんご夫妻の家の完成見学会は、２００９年の暮れの雪がちらつく日でした。見学に訪れた皆さんが一様に驚かれたのは、部屋の暖かさです。外は底冷えのする真冬の寒さ、家具もカーテンもなにもないがらんどうの家はさぞかし寒いだろうと思いきや、家の中がほんのりと暖かかったからです。リビングの隅に小

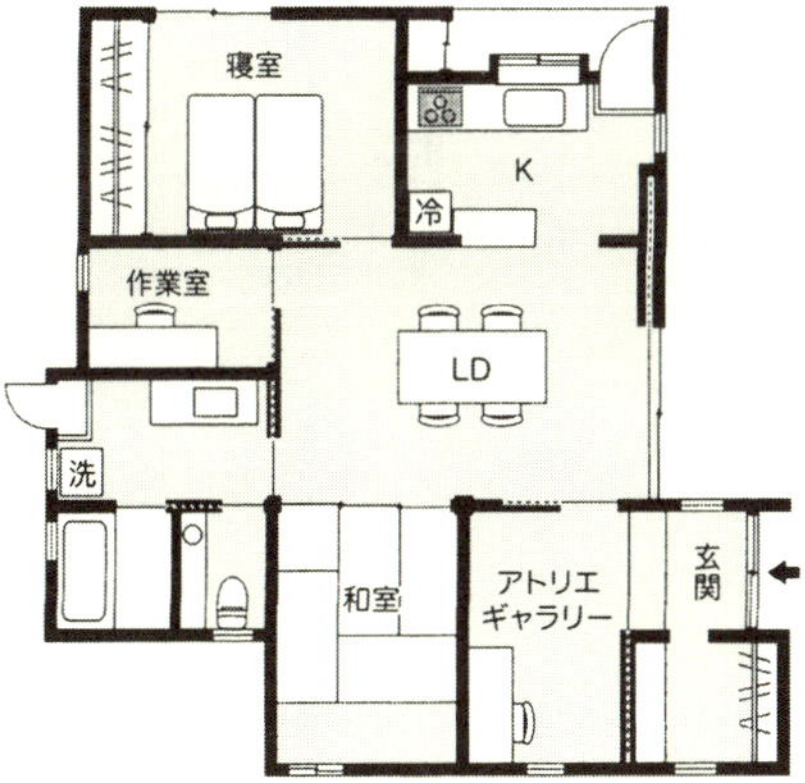

三浦邸図面

さな石油ヒーターをひとつ置きましたが、それもいらないほど家中どこに移動しても寒さを感じません。その日の朝、室温を測ったとき、暖房なしでも14度ありました。

第2の人生を迎えた、三浦さんご夫妻。2人だけで穏やかに過ごせる家をと、つくられた住まいは、木材をふんだんに使った、四季を通じて過ごしやすいぜいたくな平屋の家となりました。

残りの人生を健やかに過ごすための空間

「家を建て替えたい」。と、三浦さんから依頼されたのは、この日の完成見学会からちょうど1年前でした。三浦さんの奥様が、「いい家塾」の活動記事を見たことがきっかけで、「せっかく家をつくるのだから、しっかりと勉強してからにしたい」とご主人の定年退職を機に入塾され、すべての講義を受け終ってから、いい家塾のプロデュースによる建て替えを決断されました。

そのころ三浦さん夫婦が住んでいたのは、古い木造住宅でした。一番古い母屋で築80年以上。家族が増えたり不便が出るたびに、継ぎ足し継ぎ足しで増築やリフォームを繰り返してきました。そのため、部屋の並びやつながり方がバラバラで、奥様は「掃除や洗濯のたびに、移動が大変だった」と話します。

また、冬場は家の中が震えるように寒く、夏は灼熱地獄のように暑く、季節の寒暖を乗り切るのがひと苦労だったそうです。加えて通気が悪かったため、湿気がこもって常にカビに悩まされていたと言います。

そんな生活に耐えながら、お子さんを立派に育てあげて独立させ、夫婦２人だけの暮らしに戻ったとき、三浦さんは「広くなくてもいいから、住み心地の良いシンプルな家に建て替えたい」と思ったそうです。見た目が立派な豪邸ではなく、老いたあとも快適に暮らせるコンパクトな家です。

すべての部屋がリビングを囲む廊下のない家

夫婦が住みたい「いい家」とは、次のようなものでした。

・小さくても暮らしやすい平屋のシンプルでモダンな家
・化学素材を使わない自然素材でできた家
・周囲の恵まれた自然を採り入れた家

まず「小さくても暮らしやすいシンプルでモダンな家」を実現するため、建坪は思い切って以前の家の6割程度の27坪にしました。建坪が小さい場合、床面積を増やすために2階建てにするのが一般的ですが、三浦さんの場合は違いました。夫婦2人の生活であるのと、歳をとったときに2階への上がり下りがたいへんになりそうだと考えて、平屋を選択したのです。

ですが、心地よく暮らすためには、小さくても使い勝手のいい住まいにしなければなりません。そのために、間取りは「リビングを中心とした、廊下のない設計」にし

どの部屋とも自由に行き来できる
風通しのいい三浦邸のリビング

ました。

三浦邸の間取り図をご覧ください。廊下が1本もないことがおわかりいただけるかと思います。天井の高い開放感のあるリビングから、キッチン、洗面所、浴室、寝室、和室、三浦さんのアトリエ（仕事部屋）のどこへでも、出入り口ひとつまたぐだけです。移動のしやすさだけではなく、部屋と廊下の温度差による「ヒートショック」も最小限に抑えられます。部屋は暖まっているのに廊下はひんやり、という住まいがよくありますが、全室がつながっていれば、そうしたこともありません。また、廊下を取り付けるコストを削減できるのも大きな利点です。

ただし、こういう間取りにすると、真中のリビングが出入口だらけの落ち着かない空間になる恐れがあります。そこで、三浦邸では建具に和紙を貼って、壁と一体に見えるようにするなど、デザインや材質を工夫して、落ち着きの感じる空間にしました。

また、平屋の場合、収納をどこに設けるかもひとつの課題となります。三浦邸では、「平屋は屋根裏が広くなる」という特徴を活かして、天井裏収納を設けました。さらに、玄関には、家の中に持って入りづらい大きな荷物を置いておけるシューズクロークを設置しました。リビングから一段高いところにある和室の床下には、引き出しタイプの床下収納をつくり、日常的に使うものをしまえるようにしています。

自然素材をたっぷり使い、自然の恵みを採り入れる

次に「化学素材を使わない自然素材でできた家」ですが、これは奥様が化学物質臭に敏感ということもあり、ぜひかなえたいことでした。ホルムアルデヒドなどの発散を避けるため、リビングの壁には薩摩中霧島という火山灰ベースの塗り壁、寝室には布クロスを使用、洗面所やトイレの床には、コルクなどの自然素材を使いました。

そして、3番目の「周囲の恵まれた自然を採り入れた家」ですが、これは具体的にいうと「ながめ」「風通し」「日当り」を考えた住まい、ということになります。

キッチンの窓は、奥様のたっての希望で、小柄な奥様の目線で外が広々と見えるよ

うにやや低い位置に設けました。窓からのながめは絶景で、紅葉の庭木や田んぼが見え、四季の移り変わりを感じることができます。以前は西日に悩まされた台所から、東向きのキッチンで朝日を見ながら料理をすることが夢であったそうです。まさしく、奥様のためにつくられたオンリーワンのキッチンです。

また、風通しの良さを実現するため、すべての出入り口をドアではなく、引き戸にしました。これなら開けっ放しにしておけるので、夏は風を十分に通すことができます。反面、冬になれば、引き戸を閉めて部屋を区切って使うことができます。

リビングの南面には大きな開口をとり、太陽光をたっぷり採り入れられるようにしました。減築した分、敷地にゆとりができ、ひさしを大きく突き出すことができたので、冬の低い日差しを採り入れながら、夏の強い日差しは遮ることができます。一方、建物の西側には小さな掃き出し窓だけにして、西日が入らないようにしました。リビン

玄関部分(奥の部分)を出っ張った構造にして、リビング(手前)に西日が入るのを遮断。

グの西側にある玄関部分を出っ張った設計にしたのも、単なる間取りの問題ではなく、出っ張った玄関部分でリビングに西日が入るのを遮る意味があってのことです。

頑丈で安全な家をつくるために

間取りや素材選びも大切ですが、同じくらい重要なのが地盤の強度と構造です。

三浦邸は、新しく土地を買い求めたのではなく、もともと自宅のあった土地に建て替えをしています。そのため三浦さん夫妻は最初、「これまでも家が建っていたのだから、地盤の強度には問題はないだろう」と思っていたそうです。敷地の横を小川が流れているのと、元は田畑であったこともあり少し軟弱な地盤であることが、地質調査の結果判明しました。

「お金のかけどころ」があるとすれば、こういったところです。三浦邸の地盤には、補強のために60㎝のコンクリート柱を40本も入れています。その上で、地震に強いべタ基礎を採用しています。三浦さんは「地盤改良の費用は思った以上にかかった」と笑いますが、頑丈で安全な家をつくるための必要経費として、ここにお金を投入したのは正解でした。上物がいくら立派でも、地盤が弱くて家が傾いたのでは、元も子もないからです。

さらに、平屋でありながら構造計算もおこっています。木造の構造計算は、建築基準法で義務づけられているのが３階建てからなので、平屋や２階建てではおこなわないのが普通です。しかし、平屋や２階建てに対して必要ない、なんて決まりはどこにもありません。むしろ、平屋であっても、安全性を確保するためにおこなうべきです。

構造材はすべて、高知県檮原町森林組合の木材を使いました。１軒の家を同じ山の木だけでつくるというのは、今ではとてもぜいたくなことです。その檮原町の山には、三浦さん夫妻が自ら出向いて伐採祈願祭をおこないました。大黒柱は桧の７寸角（21㎝角）柱には４寸角（12㎝角）の木材を使用しています。一般の住宅が３寸５分角（10・５㎝角）を使っていることを考えると、かなりがっしりしています。使っている木材量も、丈夫な構造で家をしっかり支えるため、平屋ながら2階建てと同じくらいを使っています。何よりご自分で斧入れした木は、棟木としてこの家を支え続けます。

断熱性の高い暖房いらずの家

冒頭、三浦邸はヒーターがいらないほど暖かいと言いましたが、これを実現しているのが断熱材に使用したセルローズファイバーです。三浦さんがいい家塾で学んでいたとき、これだけは絶対にはずせないと思ったそうです。

セルローズファイバーは、壁、屋根、床下にぎっしりと詰めました。湿気を抜けやすくするため、セルローズファイバーの外側には透湿性の高いボードを貼っています。三浦さんからは、セルローズファイバーに虫がわいたりしないのか、と質問が出たこともありますが、防虫防火のためにホウ酸を添加しているため、その心配はありません。

床材にスギを使ったことも、足元がほんのりと暖まる理由です。スギは柔らかい木なので、傷ができたり、傷んだりすることを気にするのなら、桧や広葉樹などの硬い木をおすすめします。しかし、柔らかい木は暖かいという長所を持ちます。三浦さんは暖かさを重視して、スギを選びました。

他の家と同じく、三浦邸にも、法律上義務づけられているので、24時間機械換気装置を設置しています。ですが、これをフル活用することはまずないだろうと思います。風通しが良く、天然の湿度コントロール機能を持つ木をふんだんに使い、シックハウスのもとになるホルムアルデヒドなど揮発性有機化合物の出ない自然素材を使う家では、24時間機械強制換気は必要ありません。日本の自然になじんだ、通気性と断熱性に富んだ家で、住む人は深呼吸をしながら暮らしていけるのです。

三浦さん夫妻は「家づくりは千本ノック」と言います。つまり、次々と乱打されるボールを拾うように、家づくりに関するさまざまな情報をキャッチし、どんな家をつくりたいかを何度も考えることが大切、ということです。三浦さん夫妻は、いい家塾に入塾する前から、住宅関連の本を何冊も読んだり、モデルハウスの展示場に何度も足を運ぶなど、自分たちでよく勉強していました。講義で「こんな家に住みたい」「いい家とはこんな家です」と確信できてから家造りがスタートですよ。と言ってきました。希望の家を実現するため、三浦さん自身が半年がかりで書き上げた平面図を見せられたときは、正直、驚きと感動でいっぱいになりました（三浦さんは自動車関係の設計士でした）。これできっと満足していただく「住み心地のいい、いい家」が完成すると確信しました。三浦さんの思いが実に上手に込められていたのです。いまそれを見返してみると、完成した家は、まさに平面図に描かれたとおりに仕上がっています。

オンリーワンの家をつくるとは、こういうことなのだという、お手本として参考にしてください。

「感想文」冬暖かく、夏涼しい「住み心地のいい家」ができました

大阪府　三浦佐江子

昨年末に新居が建ちました。わが家を訪ねてきた人が玄関を開け「木のいい香りがする〜」。家に上がると「暖かいわ〜」「陽が入って明るいね〜」と驚きます。何度か改造を重ねた築80年余りの我が家を取り壊し、高齢に備え夫婦で住む、小さくて便利な平屋に建替えたのです。以前は冬には靴下にカイロを張るほど冷えたのですが、新居ではカイロ要らず。木造で断熱材にセルロースファイバー（新聞紙をほぐしたもの）を使用したおかげで、冬暖かく夏涼しいのです。

建替えを考え始めた30年近く前、子供たちの成長に合わせ平屋から二階建てに増築。当時、建築業者から住宅は40年で建て替えるもの、新築の方が安くつくと言われました。我が家の古くて太い梁や柱を見るにつけ、そんなに簡単に廃材にしていいものか。いつか再利用してくれる建築屋さんに出会えるのではと建替えを踏みとどまったのです。ですが使い勝手が悪く、何より大地震の不安がありました。

「自然素材にこだわり、シックハウスの無い「いい家塾」の講座開催を知り、待ったかいがあったと思いました。その数年後、単身赴任の夫が大阪勤務となり、第9期の講座を受講しました。地盤や構造、建材から建具や健康住宅の素材など、さまざまなことを学び、建てたい家像がより明確になりました。

専門家に全てお任せではなく、自分たちの要望を出して参画し、納得しながら建てたい。夫婦お互いに自分の生き方を大切にできる家に等などです。健康住宅にこだわり、建築家や工務店とネットワークしている「いい家塾」なら安心だと思い相談に行きました。

サポーターの中から設計監理と建築施工の担当者が選任され、プロジェクトチームがスタートです。半年かけ設計が決まり、完成までの半年間は、ほぼ毎週打ち合わせを重ねました。趣味で大工仕事をする夫は、講座で学んだことでもあり現場に張り付き大工さんたちの仕事を見つめ、時には変更をお願いしました。学んだことが随所に生かされました。

「いい家塾」の釜中塾長の合言葉は「家笑う」です。言葉通り、工務店の皆さんだけでなく、解体工事を始め基礎工事、ライフラインなどの業者さんたちも真剣に、楽しく和気あいあいと仕事をされていました。我が家には皆さんの笑い声が刻まれているような気がします。

工務店の山本社長も解体する家の古材を大切にと、かまちや飾りの梁などに見事に再生。「いい家塾の監修」で建築のプロたちに支えられ、モダンな和風の家が実現したのです。これほど住み心地が良ければ、外出が少なくなるのではないかと心配になるほどです。

賢明な消費者の排出を目指し、さらに充実した「いい家塾講座」が開かれています。家を建てる計画がおありなら、後悔しない家造りのために、ぜひ受講されて納得のいく家造りをされることをお勧めします。

川柳

「家笑う　笑う門には　福来たる」
「子から孫　命を繋ぎ　家笑う」
「関白が　定年料理　腕あげる」　遊楽

解決策

第7章

「いい家とは、どんな家」？
さあ、家づくりを実践しよう！

一、さあ、家づくりを実践しよう！

解決策　家づくり「誰に頼むか」

いよいよ具体的な家づくりを、順を追ってご説明していきます。

ところで、後悔しない家づくりのポイントの「5つ目」を覚えているでしょうか。

家づくりを「誰に頼むか」です。

頼む業者を間違わなければ、家づくりは成功したと言ってもいいでしょう。そのくらい重要です。

あなたが家づくりのパートナーとして、厳選しなければならないのは、次の2人の専門家です。

・建築士（設計事務所）
・建築施工業者（工務店）

ほかにも家づくりに関わる人はたくさんいますが、この2者が最も大切です。建築士は、文字どおり、あなたが思い描く家を設計図という形にしてくれる専門家です。ただし、図面を引くだけが建築士の仕事ではありません。決められた予算の中で、住まい手の要望をどれだけ実現できるかという「お金と理想の兼ね合い」を考えてくれるのが建築士です。さらに、建築が始まってから、工事監理をおこなうのも建築士のとても重要な役割です。

施工業者は、設計図に基づいて家を建ててくれる専門家です。「現場の総元締め」と言ってもいいでしょう。家づくりには、非常に多くの職人や業者が関わります。大工、左官、電気工事、断熱工事、設備工事、塗装、外構…。こういった関連業者たちをまとめ、家づくりがスムーズに進むようあらゆる手配をするのが、施工業者です。

家づくりが始まると、建築士や施工業者と頻繁に会い、打ち合わせを繰り返すことになります。家の住まい手（あなた）、建築士、施工業者が「今つくろうとしている家は、こういう家」という共通の理解を深めていくことが、とても重要なのです。

解決策　書き出してみよう。家づくりの基本情報

いい専門家を見つけるために、まずしておくべきこと。それは、「自分がどんな家をつくりたいと思っているか」を整理しておくことです。

では、どんな点について整理しておけばいいのでしょうか。

「いい家塾」が使っている「住み心地のいい家をめざすヒアリングシート」をもとに、項目をあげてみました。

●家族構成…性別、年齢、それぞれの住まいへのこだわり
●家族の既往症…アレルギーや持病など
●土地の希望…地域、環境、面積、予算、自己資金など
●住まいの希望…何年住み続けたいか、希望の延べ床面積、だいたいの総予算、車や自転車の保有台数、自己資金など

●健康への配慮について…化学物質に対する反応や、冷暖房設備をなるべく使わない家を望むかどうか。
●環境への配慮について…自然エネルギーの利用やリサイクルシステムなど、住まいに取り入れたいものは何か。
●丈夫な家づくりについて…地盤調査や構造計算をやってみたいかどうか。
●将来性について…可変性のある家づくりプランを望むかどうか。どのようなバリアフリー設備を望むか。
●家族の現在の健康状態について…新築の家に入って気分が悪くなったことがあるか。エアコンの効いた部屋で過ごせるか。どこで何時間くらい眠っているか。動物を飼っているか。漆にかぶれたことがあるか…など。
●ライフスタイルについて…趣味や好みなどの希望事項に対応するスペースや設備。

これらの情報は、いい家づくりの「基本情報」です。建築士や施工業者に必ず伝えておきたい項目です。紙に書き出して、打ち合わせの初期段階で渡せるように準備しておきたいものです。

解決策　専門家を選ぶときのコツ

では、実際に建築士や施工業者を選ぶとき、どこに目を向ければいいのか。

ひとつは、基本に戻るようですが「たくさんの情報を集めること」です。私たちが家づくりの知識を豊富に持っていれば、業者と話をしたとき、信頼に足るところかどうか、ある程度判別できるようになります。建て主側の質問にあたふたしたり、適当にお茶を濁して逃げたりする業者では、話になりません。

「いい家塾」が開催しているような家づくりセミナーに複数参加してみるのも有意義です。数は少ないですが、家づくりについて真剣に考える有志のグループは、「いい家塾」のほかにも存在しているかもしれません。また、大手ハウスメーカーのモデルハウスだけでなく、地元の工務店などが開く「構造見学会（滅多にない）や完成見学会」などにも、ぜひ足を運んでほしいと思います。

もうひとつは、「建築士や施工業者が手がけた家を見せてもらう」ことです。モデルハウスではなく、現実に人が生活している家がベストです。

完成した家を見れば、業者が何を大切に思っているか、どんな姿勢で家を建てているかが、ある程度わかります。見た目は豪華だけど、化学物質をたくさん使った素材を使っている業者なら、健康への配慮は期待できないでしょう。外見は地味でも、ドアを開けた瞬間、木の香りが漂ってくるような家なら、自然素材を使った家づくりをしてくれる業者だと判断できます。また、実際にそこに住まわれている方に直接お話をお伺いできる貴重な機会が得られるでしょう。

もしも「いいな」と思う業者に出会ったら、必ず次のセリフを言ってみてください。

「お宅が建てた家の実物を、見せてもらえますか？」

このセリフに対し、「わかりました。じゃあ、すぐにでも見に行きましょうか」という業者なら、第一関門クリアです。すぐにでも見に行けるということは、それほど家の持ち主と良い関係を築いているという証です。逆に難色を示す業者なら、家づくりをお願いするのは避けたほうが無難でしょう。

解決策　家づくりは、まず予算ありき

健康のことや住まいの丈夫さについては、これまでの章で十分学んできました。もうひとつ重要なことは、適正な家づくりの予算です。どんなに理想どおりの家をつくったとしても、費用が自分の身の丈に合わない高額なものだと、結局は住宅ローンに苦しめられて一生を終わるということになりかねません。自分がどのくらい払うことができるのかをまず知っておくことが、失敗しない家づくりの第一歩です。

一体いくらが適正予算なのか。

それを考えるときのスタートは、自己資金がいくらあるかです。家づくりの総額がすべて自己資金で間に合えば理想的ですが、それほどの資金力がある方はまれです。むしろ、足りない額を住宅ローンで補うのが一般的です。自己資金が少なければ、それだけ住宅ローンに頼ることになります。「自己資金＋無理のない住宅ローン＝適正予算」と考えることから始めるのが、安全な資金計画です。

ただし、親の援助があれば、自己資金が少なくても、大きな住宅ローンを背負わずに済みます。「いつまでも、親のスネをかじるようで」と、負い目に感じる人がいるかもしれませんが、今の時代、親に援助してもらうことは普通のことです。ご両親にしても、自分の子供に頼りにされるのは、イヤなものではありません。お金を出してもらって当然！　という態度はいただけませんが、家づくりをきちんと報告した上で、礼儀正しくお願いすれば、喜んでくれるご両親が多いのではないでしょうか。

成果事例

「税制のメリットが多い二世帯住宅」＆集って暮らす喜び

親の援助が特別でないことは、最近の税制にも表れています。たとえば、最近親が所有している土地に二世帯住宅を建て、親と一緒に住むケースが当塾でも増えています。共働き家庭にとっては、小さな子供の保育園への送迎を親に頼めて安心です。さらに、親が高齢化しても一緒に住んでいるので面倒を見やすいでしょう。

当塾の運動に「１００年住宅で個人経済を豊かにし、よき家族制度の復活を目指す」を掲げて取り組んでいます。長寿命で資産価値の高い優良住宅をつくれば、子供や孫は住宅ローンから解放されます。生涯を住宅ローンの呪縛に縛られるのは、親のあなただけにしませんか。そして核家族より、２世帯３世代が集って暮らす賑やかな家族が増えることを願っています。

親が亡くなって土地を相続する際にもメリットがあります。親の土地に二世帯住宅を建てると、一定の要件を満たせば相続での土地の評価を下げられます。二世帯住宅では親と子が同じ敷地を使っているとみなされるため「小規模宅地等の評価減の特例」が適用されるからです。この特例を使うと、２４０㎡までの土地は相続時の評価額を80％減額できます。例えば、70坪弱で三千万円の土地に二世帯住宅を建てた場合、80％減額されると、相続時の土地の評価額は６００万円になります。平成27年1月からは、この80％減額される対象が２４０㎡から３３０㎡に引き上げられます。要は「約１００坪までなら相続時の評価額はかなり低くなる」ということです。

二世帯住宅については、平成26年度の税制改正で建物の要件も緩和されています。従来は、玄関が同じか、玄関が別々の場合なら家の中でどこかでつながって行き来できなければ二世帯住宅として認められませんでした。現在は、玄関が別で中でつながっていなくても二世帯住宅と認められます。これは、将来賃貸物件として他人に貸しやすいですね。

これとは別に、住宅を購入する時には「住宅取得等資金」として親などの直系尊属から非課税でお金を贈与してもらえます。「贈与を受けた年の合計取得金額が二千万円以下で、本人が20歳以上」等いくつかの条件が有りますが、これをクリアーすれば、一般住宅だと500万円まで、省エネ住宅・耐震住宅だと1千万円まで、贈与税がかかりません。さらに、贈与税の基礎控除110万円もプラスできるので、一般住宅なら610万円まで、省エネ住宅・耐震住宅なら1110万円まで非課税の贈与が受けられます。なお、非課税枠を最大3千万円に拡大する様、平成27年度税制改正が検討されています。

二世帯住宅の場合、この贈与されたお金で自分名義で建物を建てることが出来ます。ただし、このお金で住宅を取得せず、土地のみを買った場合は通常通り贈与税がかかりますので注意して下さい。

なお、住宅資金の贈与に関しては、ここで説明したこと以外に、考慮しなければならない細かな条件がたくさんあります。また、この制度のほかにも、住宅取得に際して、有利に働く制度がいろいろとあります。詳しくは、税理士や専門の方に聞いてください。建築士や工務店でも相談にのってくれるところはあります。

解決策　無理のない住宅ローンを借りるためには？

自己資金と親の援助をあわせて、それでも希望に満たない場合は、住宅ローンを利用するのが一般的です。

では、無理のない住宅ローンとはいくらぐらいなのでしょうか？

これは個人によって違いますが、一般に「年収の25％までが、一年に返済できる金額」だといわれています。例えば、年収が６００万円の場合は、１５０万円までが適正なローンの額。月々に直すと、12万5千円です。25年ローンを組むとすれば、３７５０万円までが「あなたが借りても大丈夫な金額」の目安です。

ただし、家づくりには実際の建築費用のほか、諸費用なるものが必要です。次の一覧表をご覧ください（いい家塾資料「不動産に関する税金と諸問題」の表を掲載）。税金、登記費用、火災保険、ローンの事務手数料、これらはすべて諸費用であり、建物・土地総額の5～10％程度かかると言われています。このほか、家づくりには思わぬお金がかかってくるものです。土地と建物にかける費用を、家づくりに支払える総額の8割程度に予算を組んでおけば、余裕をもって家づくりができます。

解決策　住宅ローンを組みやすい銀行は？

住宅金融支援機構などの公的機関のほか、多くの銀行が住宅ローンを用意しています。金利や返済期間はさまざまですが、金利が1％違うだけで、返済総額が何百万円も違ってきます。じっくり返済シミュレーションした上で選びましょう。

ただ、こちらが「借りたい」と思っても、銀行側が貸してくれない場合があります。

審査の結果、借り手に十分な返済能力がないと銀行に判断されれば、借りたくても借りられないのです。

そんなときは、家をつくるのはもう少し待って、コツコツ貯金をして自己資金を増やすか、両親に資金援助をしてもらえるかどうかお願いしてみるなど、ローンの総額を減らすよう努力してみてください。

審査を通過するコツは「銀行に信用してもらうこと」。単純ですが、これに尽きます。「いい家塾」では、施工業者と取引のある銀行でローンを組むことをおすすめしています。なぜなら、施工業者と銀行との間に、すでに信頼関係が結ばれているからです。「この施工業者がすすめるお客さんなら、大丈夫だろう」と銀行に思ってもらえれば、審査も比較的スムーズに運びます。

家は、完成して施主に引き渡されるまで、実は施工業者の持ち物です。銀行は「引き渡しまでに何かあったら、施工業者からローン資金を回収できる」と踏むので、そういう意味でも得策です。

解決策　自己資金が足りない場合のノウハウ

土地を購入し、いい家をつくる場合、ある程度の自己資金が必要です。「いくらあればいいのか」とよく聞かれますが、どんな家をつくるかによって金額は変わるので、一概には言えません。ただ、少なくとも「自己資金２００～３００万円では、土地代と建築費の資金としては足りない」ということは言えます。

しかし、長い不況が続く現在、自己資金をそんなに用意できない、親からの援助も期待できない、という人は少なくないでしょう。そんな場合、次のような方法を考えてみてはどうでしょうか。

まず古くなって格安になった土地付きの中古住宅を購入し、何年かそこで暮らし、自己資金を貯めます。中古住宅は、建物代はゼロで土地代だけの価格の場合がすくなくありません。逆に、解体費用を値引きしてくれる可能性もあります。「いい家塾」では有効な手段としておすすめしています。しばらくは不便な生活が続くかもしれませんが、これもマイホームを手に入れるため。一家で楽しく乗り切ってください。そして資金が貯まったら、家を解体して、その土地に新築を建て替えるのです。これなら、いまは自己資金がなくても、計画的に貯金してまとまったお金が貯まった段階で、念願のマイホームを手に入れることができます。

解決策　土地探しのポイント

初めて土地探しをするとき、おそらく多くの人が、駅からのアクセスの良さ、学校やスーパーに近いかどうか、周辺の様子はどうかといった「環境」に目を向けると思いますが、「快適な住まい」という観点から見た場合、次のことも土地探しのポイントになります。

●陽あたり

陽あたり良好な土地とは、一日中ふんだんに陽が入りながらも、強い西日を避けられる土地のこと。これをかなえてくれる土地は、南側と東側に道路が通っていたり空間がある「南東角地」です。ただし、誰しもが手に入れたい土地のため、価格は高く設定されているのが一般的です。

●土地の経歴

その土地が以前、何に使われていたか、ということにも留意しておきたいものです。更地になる前に工場が建っていたという場合には、土壌汚染の可能性が考えられます。どんな工場が建っていたか、役所の建築関連課に出向けば知ることができます。建物を建てるときには、一般的には登記をしなければならないので、その情報が役所に残っています。登記書類を見ただけでは、土壌が汚染されているかどうかはわかりませんが、もし社名が「○○化学」「△△化工」などケミカル系の名称ならば、工場で化学薬品を使っていた可能性があります。「いい家塾」10期生の丸山さんの場合がそうでした。不動産業者に問い合わせ、慎重に調べる必要がります。また、役所の環境関連課に問い合わせれば、土壌汚染調査の対象となった土地かどうかも教えてくれるはずです。

●土地の名前

土地の強度を知るには、地盤調査をおこなうのが一番ですが、もっと簡単に見当をつける方法があります。地名です。

P348のコラムにもあるとおり、例えば「池田」という地名であれば、近くに池が存在しているか、もしくは昔そこに池があった可能性があります。沼、湖、海、河、滝…。このような漢字が地名に含まれている地域は、ほかよりも地盤が軟弱であったり、湿気が多かったりすることがよくあります。あくまで目安に過ぎませんが、そのようなことを頭の隅に置いておくのも賢さです。

ほかの条件は全部満たしているけれど、地盤強度だけが心配、といったケースでは、手付金を支払うことなどを条件に、土地の購入前に地盤調査を実施できる場合があります。不動産業者に交渉してみる価値はあります。

問題提起　電磁波

近くに高圧電線が走っている場合は、電磁波の影響が心配です。高圧電線から250m離れていれば悪影響を受けにくいと言われていますので、土地を探すときは、地面ばかりでなく、上も見上げてみてください。

土地のすぐ脇の電柱に大きなトランス（変圧器）が載っている場合も、電磁波に対する注意が必要です。そんな場合は、電力会社に依頼すれば無料で電磁波を測定してくれるので、ぜひやっておくことをおすすめします。また、電柱が古い場合や、電柱が建っている場所が私道などの場合は、ほかの場所への移動してもらえるかもしれませんので、電力会社に問い合わせてみましょう。

解決策　家づくりのスケジュール

「いい家が欲しい」という結論になったらまず、事務局に相談に来て頂きます。私がインタビューさせて頂き「ヒヤリングシート」にお答えいただきます。基本的なご希望の項目やご予算などのポイントを確認します。土地からのお手伝いやローンの相談も大切な要点となります。要点を検討してサポーターのメンバーから建築士と施行工務店でプロジェクトチームを編成します。

土地が決まったら、建築士、施工業者といよいよ本格的な家づくりのスタートです。「いい家塾」では、おおむね次のような手順で家づくりを進めています。

【完成の一年前】

★家づくりに関わる業者との顔合わせ

●設計・監理契約

・解体工事

・敷地調査・地盤調査

★基本設計

★実施設計

・建築確認申請

・工事金額の調整、設計図の修正

●工事契約

★地鎮祭

【完成の半年前】

・工事開始

★上棟祭

・工事完了・完了検査

・表題登記

棟礼が書かれた棟木が最上部に
納まり骨組が完成した奥田邸

和やかに上棟を祝う上棟祭

【竣工】

★引き渡し・入居

土地が決まってから実際に家が建つまで、およそ1年。この間、家づくりに関わる業者は全力で作業に取り組んでいきますが、家の住まい手にも、ぜひ関わってほしい事柄がたくさんあります。

家づくりのスケジュール項目で、★印をつけたものが「住まい手に積極的に関わってほしいところ」、●印をつけたものが「契約に関わるところ」です。

【住まい手に積極的に関わってほしいことがら】

★家づくりに関わる業者との顔合わせ

建築士、施工業者は、いっしょに家をつくっていく「家づくりのチームメンバー」です。友達になるくらいのつもりで接してみてください。

★基本設計

建築士とおこなう大きな共同作業が「基本設計」です。

基本設計とは、あなたの要望をもとに、建築士が住まいの設計図をつくることです。地盤調査の結果や周辺環境の状況も当然加味されます。

建築士は、あなたのつくりたい家について具体的に聞き取り、意見交換を重ねて、それを図面に落とし込んでいきます。外観、間取り、収納、家具の配置など、細部にわたって要望を伝えてください。いい家づくりへの理念を持った建築士なら、風向き、地形、周辺環境との調和など、素人では気がつかない点にも配慮して図面を作成してくれます。もしも、「あなたの要望を１００％取り入れると、いい家はできない」と判断したときには、適切なアドバイスもしてくれるでしょう。

いったん設計図ができあがってくると、家づくりはできたも同然と安心しがちですが、本番はこれからです。あなたの「住みたい家」のイメージと設計図をすりあわせ、それが本当に望んでいる住まいかどうか、しっかり吟味してください。

できれば、その家に住むことを想定しながら、設計図に気がついたことを書き込んでいくと良いでしょう。「いい家塾」の塾生の中には、ベッド、机、テーブルなどのピースを紙でつくって、設計図の上に配置していった人もいます。

また、この時点で家の建築にかかるおおまかな金額（概算）も出ますので、予算オーバーになっていないかどうかをチェックしておきましょう。

★実施設計

基本設計に基づいて、施工業者が実際に建築工事をするための詳細な図面を作成するのが実施設計です。家の断面図、仕様書、設備図、建具リストなど多くの書類が作成されるほか、床にはどんな材料を使うか、壁紙を何色にするか、どのメーカーのキッチンにするのか、さらにはコンセントの位置まで、具体的に決めていきます。

家の住まい手は、次から次へと「どこに何を使うか」といった判断を迫られるこ

地鎮祭

とになるので、この時期がもっとも忙しくなります。反面、家をつくっていると実感できる、楽しいときでもあります。

実施設計の時期であれば、設計の変更や修正も比較的容易です。もちろん、工事が始まってからでも変更は可能ですが、作業を途中でストップしなければならなくなり、完成までの期間が延びてしまいます。できれば、実施設計の段階で、「うん、これでよし」といったレベルにまで設計の完成度を高めておきたいものです。

実施設計が固まれば、いよいよ家の建築が始まります。

★地鎮祭・上棟祭

あくまで儀式なので、やってもやらなくてもいいもの、といえばそれまでですが、い「いい家塾」では「ぜひ執りおこなってください」とおすすめしています。

地鎮祭は、家の建築に入る前にこの地に家を建てます、といったことを土地の神様にお願いする儀式です。神主さんが、祝詞を捧げられる中、家の住まい手はもちろん、家づくりの関係者全員が頭を下げて「無事に家が建ちますように」と祈る。神聖な空気が流れ、皆の気持ちがひとつになる瞬間です。地鎮祭のやり方については、近隣の神社などに相談すれば、詳しく教えてくれます。

上棟祭は、家の棟上げのときにおこないます。「棟上げ」とは、屋根の最上部に棟木を水平に取り付ける作業です。これで、家の骨組みが完成します。つまり、上棟祭とは、家をここまでつくってくれた大工さんや職人さんの労をねぎらう儀式です。昔は近隣の人々を招いて盛大にお餅をまいたり、振る舞い酒をしたりしていましたが、今はそこまでしなくてもいいでしょう。施工業者にご祝儀を出し、お弁当やお菓子で歓談するといった程度でも気持ちは伝わります。家の住まい手と職人たちが心を通わせる、あたたかい行事です。

古い建物を解体したら「棟札」が出てきます。私は棟木に直接施主のお名前や関与者名を書きます。2百年先の子孫に家の歴史と重みを伝え絆を繋ぐ祈りを込めていつも記します。

★引き渡し・入居

家ができあがり、引き渡しが完了すれば、その家は正式にあなたのものになります。いよいよマイホームでの暮らしが始まります。

「いい家塾」では、家の住まい手、建築士、施工業者、その他の造り手の関連業者を交えた「引き渡し式」をおこなっています。塾からは、家づくりに関わった業者の名が記された記念の木製プレートをお渡ししています。家の住まい手からは、毎回、胸の熱くなるような感動的な挨拶をいただいています。いつも、「いい家塾」を設立して本当に良かったと胸がいっぱいになります。参加者全員で感動にひたる時間です。

解決策　契約の基礎知識

ここまで、ざっと家づくりのプロセスを説明してきましたが、契約の時期やタイミングについても触れておきます。

家づくりプロセスの中で、契約に関わることが出てくるのは、次の２つのタイミングです。

①設計・監理契約

②工事契約

設計・監理契約は、建築士との間で交わされる契約です。設計・監理料は、当塾では建物の床面積を基準に、決められた掛け率で計算します。これは大変合理的で公平な算定方式です。契約する前に、建築士からは大枠の設計方針と見積もりが出されます。それを見て、正式契約するかどうかを決めることになります。

工事契約は、施工業者との間で交わされる契約です。

契約前には、施工業者から建築見積もりが出されます。予算内に収まるよう、業者と話し合いながら金額を調整していきます。納得できる見積もりになった時点で、正式契約となります。

大手ハウスメーカーで家をつくる場合など、設計・監理契約と工事契約が一緒になっていることがよくあります。設計も施工もハウスメーカーが請け負い、契約の窓口を一本化しているからです。しかし、「いい家塾」では、設計と施工を分けて、それぞれの専門家と別々に契約することを推奨しています。そのほうが、建築士と施工業者との間に緊張感が生まれ、なれ合いを防ぐことができるからです。ハウスメーカーが中間マージンをたくさん取り、施工業者に安い金額で工事を発注するといったこともなくなります。職人たちに適正な費用を払うという点でも、意味があると考えています。

一般的には、契約書に印鑑を押した時点で成立です。家づくりには、生涯に一度というくらいの大金がかかります。少しでも納得できないことがあるうちは、印鑑を押さない、くらいの気持ちが必要です。業者の中には「とりあえずハンコを押してください」と契約を急がせるところがありますが、押印の結果、不満だらけの家づくりになってしまったというケースをいくつも見聞きしています。くれぐれも慎重に。

解決策　そのほかにも知っておきたい、家づくりのポイント

【防犯のポイント】

安心な家づくりという観点から、組み入れてほしいのが「防犯対策」です。最近では、さまざまな防犯グッズやセキュリティサービスが普及していますが、防犯の大原則を知っていれば、これらの商品を上手に選ぶことができます。

警察庁侵入犯罪対策ホームページ「住まいる防犯１１０番」によると、空き巣やどろぼうが家に忍び込む侵入口として最も多いのは「窓」（61・７％）、次いで出入口（31・４％）となっています。つまり、窓と玄関・勝手口のセキュリティを高めるのが、防犯の大原則ということになります。

次に、空き巣やどろぼうの「心理」を考えてみましょう。もしもあなたがどろぼうだったとして、侵入に手間取る家に忍び込もうと思いますか？「住まいる防犯１１０番」

のデータによると、侵入に5分以上かかると、約7割の窃盗犯は忍び込むことをあきらめています。つまり、侵入に「時間」のかかるようなつくりにしておけば、どろぼうを寄せつけないということです。

玄関のドアは丈夫なものを使い、簡単には開けられない性能のいい錠前を2つ付けるようにしましょう。窓には、打ち割るのに時間がかかる防犯ガラスを使用し、通常のクレセント錠のほかに補助錠を設置。とにかく、5分持ちこたえられるような鍵や素材を採用しておきましょう。

もうひとつ、忘れてはならないのが「視線」です。侵入窃盗犯は、自分の姿を他人に見られることを極端に恐れます。近所の人に声をかけられた、ウロウロしているところを見られた、というだけで侵入をあきらめます。ご近所さんと仲良くしておく、外からの見通しを良くするといった単純なことだけで、立派な防犯対策となります。

【収納のポイント】

何かとモノの多い現代。収納はなるべく多いほうがいい、と考えがちです。しかし、収納の多い家が、いい家なのでしょうか。モノを入れるスペースを取り過ぎて、家族がくつろぐスペースが狭くなってしまうほうが、むしろマイナスです。「入れる場所」をあれこれ思案するより、「入れるモノ」を取捨選択するほうが、効果的な収納対策になります。

収納を考える前に、まず「モノの仕分け作業」から始めてみませんか。家の中にあるものを「絶対に必要なもの」「あってもなくてもいいもの」に分けることで、いかにモノの多い暮らしをしているか実感できます。「もったいない」「あとで使うかも…」という考えは、この際捨てましょう。モノを何年もタンスや押し入れに眠らせておくほうが、ずっともったいないことです。過去2年使っていないものは、今後も使わない可能性大です。人に譲る、リサイクルショップに売る、捨てるといった処分方法から最適なものを選び、家の中から出してしまいましょう。

「あったらいいな」ではなく、「なくても困らない」という視点で、モノと付き合ってみてください。

メンテナンスとリフォームの心得

最後に「家をつくってから後のこと」について触れておきます。

あまり知られていませんが、木造住宅は、実は経年劣化の少ない住まいです。木は朽ちやすいという一般のイメージがあるので、誤解が多いようですが、木は風通しを確保してやれば、１００年はゆうにもちます。木造の古い神社やお寺がその良い例でしょう。

ただし、メンテナンスは必要です。世の中には、メンテナンスをまったくしないで長持ちする家など存在しません。人の健康を守るために定期検診が欠かせないように、住まいにも定期的なチェックが必要です。年に一回は、家を建ててもらった施工業者に点検をしてもらってください。

歳月が過ぎ、住まい手が高齢になるにつれ、リフォームも必要になってくるでしょう。家を木の骨格で支えている木造在来軸組工法の木造住宅なら、壁を自由に取り払えるので、リフォームが容易です。家族の成長や変化に合わせてさまざまな改造もできます。土地に余裕があれば増築や改築も問題ありません。経年劣化が少なく味わいや風格が醸し出されてくるのも木造の大きなメリットです。ぜひ、何世代にわたって住みつないで、家の歴史を刻み続けてほしいと願っています。

いい家塾の二つの見学会

【構造見学会】

当塾では構造&完成の二つの見学会を必ず開催します。構造見学会の一番の目的は家造りで重要な部分が完成すると殆ど見えなくなるからです。地盤改良、基礎、土台、構造・骨組み、壁内、屋根裏などは家が完成すると隠れてしまい見ることが出来ません。しかし、この隠れる部位がとても重要な所ですから皆さんに披露します。

建築監理者は図面通りに施工が出来ているか？を厳しくチェックします。基礎工事では鉄筋の強度や配列を。生コンの品質検査も重要です。これらのプロセスを映像で記録しているので見て頂きます。断熱施工では、実際の施工現場を見て頂きセルローズファイバー（ＣＦ）の吹き込む量の多さに皆さん驚かれます。断熱の効果は、素材の良さと断熱材の量に比例するからです。見学者は他社では見る機会がない、当塾の構造見学会で家造りの重要ポイントを確認し納得されます。

基礎の配筋検査

生コンの品質検査用のサンプルを採取

【完成見学会】

２０１４年６月８日は、16期生椎名邸の完成見学会と竣工引渡し式の嬉しい日です。この日は、梅雨の晴れ間真夏日の暑い日でした。17期生を中心に20名と施主さんの友人８名がお祝いに来て下さいました。ＬＤＫで完成までのプロセスを映像で解説。私は皆さんに「今、外気温が31度ですが熱いですか？」と尋ねました。皆さんは異口同音に「とても涼しくて風が部屋を吹き抜けてとても快適です」と、答えて下さいました。家造りで五つの重要ポイントの四番目が断熱をどうするかですが、断熱材はセルローズファイバーを使用。そして、家中を風が吹き抜けるように「風の道」を造ります。

平面図で間取りの紹介の後内覧会を開始、２階建ての各部屋で活発な質疑応答が展開しました。２時間が経過したころ、竣工引渡し式を芳しい木の香に包まれるアトリ

構造見学会で断熱の説明

エで行いました。

椎名ご夫妻の友人から花束のプレゼントがあり、大変うれしい感動のセレモニーになりました。私は、3家族3世帯4世代が3棟、同じ敷地内で生活されることになり「集って暮らす喜び」と題して祝辞を申し上げ、恒例のプレートをプレゼントしました。最後は合言葉「家笑う」を、全員で高らかに唱和し、「いい家」の誕生を喜び合いました。

二、いい家とは、どんな家

いい家とは、「住み心地のいい家」

「いい家とはどんな家でしょうか?」皆様はどのようにお考えですか。

いい家とは、ｏｎｌｙｏｎｅの「住み心地のいい家」と定義。住み心地のいい家とは「夏涼しく冬暖かい健康住宅」と定義しています。

◆「心地いい」とはなに?

では「心地いい」とは、一体どの様に理解すればよいのでしょうか。心地よさはどこから来て、人はどこで感じるのでしょうか。

由来は自然界の癒しの効果であり、感受するのは人体の癒しを感じる五感です。自然界などでみられる、ゆったりとした流れを、「f分の1のゆらぎ」と言います。実はこのゆらぎは宇宙や、生命を作り、私たちの脳を活性化させ心を元気付ける存在です。

(大阪大学大学院　柳田敏雄教授)

私たちは、小川のせせらぎ、寄せては返す波、風のそよぎ、小鳥のさえずり、木漏れ陽、蛍の光などで、心が癒されます。心臓の鼓動と同じリズムといわれるこのゆらぎが、脳波をα波にしてリラクゼーションにつなげます。

◆宇宙のリズムと人間の体のリズム

普通の呼吸は1分間に約18回、18の2倍は36で体温、その2倍の72は脈拍、その2

倍の１４４を10倍すると１４４０。この１４４０分は一日で、地球の自転の一回分に要する時間です。呼吸が止まれば死ぬ、体温がないと死んでいる、脈が止まっても死、地球が自転しないとどこかで夜ばかりの国が発生し、その国では太陽が照らず、命が育たない。すなわち、「18・36・72・１４４」これらは命に関る数字です。

1分間に打ち寄せる波の回数は、地球上どこで数えても必ず18回で呼吸数と同じです。吸う息は交感神経を緊張させ、吐く息は副交感神経を弛緩し、呼吸を整えると心身をリラックスさせます。赤ちゃんが生まれる時は不思議といつも満潮、人が死ぬ時は干潮です。

これらの事実から人の身体や命は宇宙のリズムに呼応しているということです。そして呼吸や体温、脈拍だけでなく内臓諸器官の全てを、自分ではコントロールできず、自律神経がコントロールしています。自律神経が宇宙のリズムに人間の体のリズムを合わせているのです。当に、自律神経そのものが、天の計らいにより機能しているようです。ゆえに「心と身体は宇宙とつながっている」のです。

◆「感受」五感識による官能

仏説魔可般若波羅蜜多心経に「眼・耳・鼻・舌・身」と記されています。人体で癒しを感じるのが眼鼻耳舌身からの五感識です。これを五官能また五欲とも言われる。人はこの５つの機能で心地よさを求めるので五欲です。官能とは心地よさを満足することで、五つの器官の働きでこれを獲得しています。

仏説魔可般若波羅蜜多心経の般若波羅蜜とは、六波羅蜜（布施、持戒、忍辱、精進、禅定、智慧）の一つで、大般若経の中心思想を凝縮した経典。エキスを２５４字に集約し、「空」の思想を説く。

「薬師寺　高田好胤師」

◆人間の五感

般若心経に「眼鼻耳舌身」と記されています。これを五感、五官能、五欲と言います。人はこの５つの機能で心地よさを求め、感じているのです。

家における五感を順に考えてみましょう。

いい家塾の構造見学会や完成見学会に参加された方は、玄関に一歩入られた瞬間、異口同音に「わァ〜木のいい香り」と言われます。これは森林浴で心が和むのと似た感覚です。香りの正体は樹木から放出される「フィトンチッド」で、嗅覚を満足させます。畳のい草の爽やかな香りも同じく「鼻」からの官能です。石油由来の化学物質は刺激臭がありシックハウスの元凶ですから使用しないで下さい。

木造の骨太の柱や梁からは、力強さと揺るぎない安心感を覚えます。室内では構造材をはじめ多くの無垢の木を見て、柾目の直線と板目の曲線のゆらぎや、節の造形に感性をゆさぶる「眼」からの官能です。

家のクレームで一番多いのは「音」です。この問題は、壁に最適な断熱・遮音吸音施工をすれば解決できます。正しい施工をすれば室内の静けさを確保できるのです。木は音の乱反射を防ぎ音楽を楽しめる「耳」からの官能です。ダイニングは家族が楽しい食事をする団欒の場で、「舌」で味覚を愉しみます。舌の官能は生きる本能を満足させてくれます。

５番目の官能は「身」です。板の間を素足で歩く心地よい感触は誰も否定しないでしょう。縁側に寝そべり、小春日和の淡い陽光を浴びて心和らいだ至福のひと時もあるでしょう。

住まいは「生命と財産を護る器」であり、さらに住み心地の良さ、すなわち「五感の満足」が求められるのは当然であります。私はこの奥深い「住み心地のいい家」造りにさらなる使命を感じています。

〈命に関する数字と宇宙のリズム〉

命	命の数字	宇　宙
呼吸数（1分間）（整うと心身が整えられリラックス）	１８	波の回数（1分間）
体温	３６	
脈拍数　（1分間）	７２	
内臓器官の全てを自律神経がコントロールし宇宙のリズムに身体のリズムを合わせている	72×2＝144×10＝1440	１４４０分は１日で、地球の自転の１回分の時間。自転しないと夜ばかりの国が発生、生命が育たない
満潮時に生まれ、干潮時に死ぬ人は海から誕生した	天の計らい	心と身体や命は、宇宙のリズムに呼応している

コラム

木造の家の香りの正体は？

新築の木造の家にはいると、木のいい香りが漂っています。この香りの正体は、植物から放出・分泌される「フィトンチッド」と呼ばれる物質です。フィトンチッドは、「フィトン」と「チッド」の合成語で、「フィトン」は植物、「チッド」は殺す、という意味を持っています。植物は大地に一度根をはると、自力では移動できません。そのため、葉や幹を食べる虫が嫌がるにおいを出したり、カビや細菌に対抗するために抗菌・抗カビ作用のある物質をだしたりして、自分の身を守っているのです。

フィトンチッドは、植物が放出・分泌する物質の総称ですので、その働きにはさまざまなものがあります。ヒノキやヒバに多く含まれるヒノキチオールというフィトンチッドは、防虫や抗カビ効果が高いことでも知られています。人間にとっては、あのヒノキのさわやかな香りはリラックス効果がありますが、虫やカビ・細菌にとってはイヤなものなのですね。家を建てるとき、水周りや土台にヒノキやヒバを使うことが多いのはそのためです。しかも、家の大敵シロアリは、精油成分が多くにおいの強い木は好みません。このことからも、ヒノキ・ヒバは土台に最適です。

最近、価格の安い外国産材のベイマツやベイツガが土台に使われるようになっています。しかし、これらの木は精油成分が少ないため、シロアリにとっては大好物。そのため使用前には必ず防蟻処理が施されますが、もとからシロアリの嫌いなにおいを持つヒノキ・ヒバなどを使うほうが、安全性が高く安心して暮らすことができます。

解決策

第8章

分譲マンション大規模改修&
木製化リノベーション

一、分譲マンション大規模改修

解決策 劣化診断＆大規模修繕コンサルティング開始

2009年創立5周年を期して「後悔した家を支援」を表明しました。多くの「こんな筈ではなかった」という声を聞いてきたからです。五重苦で悩む多くの人たちの苦しみに対して、戸建て住宅への解決策は前章までに多くのページを割いてきました。ここに、集合住宅の分譲マンションに住まいの方のコンクリートストレス（第1章住まいの5重苦）などの悩みも随分多く、また多岐にわたるので支援のメニューに加えました。

現在、築30年を超える分譲マンションは65万戸存在します。多くの問題要因を抱えるこれらの鉄筋コンクリート（RC）マンションの、対策＆改善に関与していくことを決心しました。

建物の劣化診断に基づき大規模改修工事のコンサルティングを通して改修工事まで担当します。勿論各住戸の診断及び相談も行い、結露などコンクリートストレスの改善の為、木製化リノベーションも開始しました。

建物調査から修繕完了まで

集合住宅を、居住者の良好な住まいとし、区分所有者の価値の高い財産とするには、より良い住環境を創造して、適切に維持管理することが極めて重要となります。このような点を重視しながら、建物や周辺環境の大規模な修繕や整備を実施する場合、集合住宅という特殊性を考慮した、確実な進め方と修繕後の適切な維持管理が必要となります。

建物の修繕や維持管理を適切に行なっていくには、建物全体の劣化や損傷の状況を十分に把握した上で、今後の長期的な修繕計画を考慮した修繕範囲と無理のない予算を設定します。

そして、修繕の設計や施工業者選定などを、居住者の「より住み良いための意見など」を十分に考慮して誰にも解りやすく進めていくことが大切です。これらは、居住者全員の「自分たちの住まいを住みやすくする活動の一環」として行なわれるべきでしょう。

大規模修繕工事完了までの流れ

マンションが適切に修繕されるためには、居住者の大多数が建物の状況や仕組み、あるいは修繕完了までに至る進め方などを正確に把握して、正しい理解の下に確実に処理されていくことが大切です。

特に大規模修繕工事の場合は、その検討に着手した時から工事完成までの各段階において、居住者にも正しい理解をしてもらうことが極めて重要であります。

これが不十分であると、思わぬトラブルに陥るなど修繕が適切に行なえないばかりか、居住者が自らの住まいに対して無関心・無責任になって役員のみが苦労し、修繕してもマンションの環境が良好に保てなくなります。

ここに居住者・管理組合（役員）・協力する専門家（コンサルタント）及び工事業者等のそれぞれが必要な役割を果たしていく必要性があり、特に全体をコーディネートしていく専門家（コンサルタント）と管理組合役員の密接なる連携は極めて重要になるのです。この点が建物修繕の成否を大きく左右することになります。

以下にマンションの大規模修繕工事を行なう場合の基本的な流れを示します。

大規模修繕の進め方と合意形成

A専門家選任（コンサルタント）

B劣化診断

・劣化状況の正確な調査
・診断報告会
・劣化状況の正しい理解
・修繕範囲と予算の設定
・中・長期的修繕計画と予算設定

C修繕設計・工事費予算書
・工事中の対策・見積要項作成
・施工業者選定
・施工者としての信頼性評価
・工事契約
・工事説明会
・居住者の理解と協力
・着工

大規模改修工事をしたマンション

D工事監理
・完成
・引渡し

成果事例　【マンション大規模改修工事コンサルタント業務を担当して】

当塾が、築28年の86戸のN分譲マンションのコンサルティングを行いました。ここは想像以上に劣化が進行していたのです。築20年時に行った改修工事が不適切であった事も診断で判明しました。改修工事を担当したのはこのマンションを建築施工したH工務店でした。改修業者の選考に当たり三社の競争入札が行われたのですが、驚くべきことが分かりました。なんと、有りえないことですが三社の見積もり金額が全く同額であったのです。

この様な事例は氷山の一角であり、管理組合の皆さんが自己責任において「善悪」を峻別し、善良な業者に巡り会える事が最重要ですが至難ですね。マンションは築10年毎に大規模改修工事が必要です。しかし管理組合の積立金で賄えないケースが多い事も悩ましい課題です。

問題提起

管理会社一任の危険性

マンションの大規模修繕と言えば、マンションの管理会社に任せておけば業者選びから工事の段取りまでやってくれるのに、なぜ「いい家塾」が？　とお思いの方も多いと思いますが、右に報告したような問題行為が常態化しているのです。そこで、対策としてコンサルタント業務について簡単に御紹介いたします。

「コンサルタント業務とは」

実はこのマンションも1回目の大規模修繕を行った際には、管理会社に全部お任せで業者の見積りも修繕の範囲も、ほとんど組合の理事会が関与せずに進められていたそうです。コンサルタント業務と言っても基本は、

・建物の劣化診断（建物の診断をしなければ修繕部位も分かりません）
・修繕設計（見積もりを公平に取るには、修繕設計を行い、同条件で入札を行う必要があります）
・工事監理（工事が設計通りできているかの確認）
・施工業者の選定、工事予算との調整、理事会や修繕委員会との調整、総会での区分所有者に対する説明、現場で日々出てくる追加工事や要望の整理と理事会等での承認などを臨機応変に、しかも管理組合の意向を確認しながら進めなければなりません。

特に費用の点では、マンションの区分所有者の皆さんのお金を預かっているわけですから、無駄な費用は使わず、しかも建物としての性能はアップしなければならず、

難しい判断を管理組合とともにしなければなりません。

今回も老朽化により高架水槽の取換えが必要と判断されたのですが、この際にポンプアップ式にして高架水槽自体をなくしてしまうことなども検討しました。しかし経費の削減と工事費用のバランスを考えて、当初の計画通り高架水槽の取換えとすることになりました。

新築の場合でも同じですが、どの位の費用をかければ、どのような効果や違いがあるのかを十分に説明して、最終は施主様に決めていただくというプロセスが重要であると考えています。特に管理組合の場合は、皆さんのお金を使う訳ですから、一つ一つの支出に対してきちんとした検討がなされなければなりません。

解決策　「後悔しないために第三者の活用」

マンションの大規模修繕を管理会社にお任せで頼んでしまったら、必要以上の過剰な工事になってしまったり（施工業者からすれば、高価な仕事の方が儲かりますし、品質も高くなります）、安い金額で納まったと思ったら逆に手抜き工事になってしまっては意味がありません。さらに設計だけでなく、監理という工事を管理組合の代わりに第三者がチェックするという仕組みも大切です。

マンションのストックはまだまだ沢山あり、今後どんどん大規模修繕工事が増えてゆくかと思いますが、管理組合の側に立って、技術的な問題、金銭的な問題、管理組合の運営などについても相談できるコンサルタントが必ず必要になるものと考えます。

次に、クライアントの管理組合の理事長さんの述懐を私はしみじみ聞かせて頂きました。どうか同じお立場の方にお読みいただきたく思います。

感想文　【「いい家塾」に期待すること】

分譲マンション管理組合　理事長　O氏

昨年末、私の住んでいるマンションの大規模修繕工事が終わり、明るい外観に生まれ変わりました。塗料には世界初の最先端テクノロジーで開発された環境対応と高機能を併せ持つ「ナノコンポジット」が使われています。住民から「前回の工事と違い嫌な臭いで悩まずに済んだ」と喜ばれました。なにより、限られた予算の中で効果的に必要な工事だけを進めることができたのは、NPO「いい家塾」のお陰だと思っています。

日本には450万戸のマンションがあると言われています。居住者数は約1100万人で都市に集中（首都圏18・98％、近畿圏14・17％）。築10年過ぎから大規模修繕が必要となり、建物によっては30年で建て替えなければならないのもあります。

大規模修繕の必要なマンションは増え続けています。しかし、維持管理を管理会社まかせにしていると、気がつかないうちに不必要な工事を不適正な費用ですることになってしまいます。私の住んでいるマンションも例外ではありませんでした。今回の大規模修繕は2回目ですが、診断の結果かなりの手抜きがあることが判明したのです。出来上がってしまったものは見た目だけでは全くわからないのです。

じゃあ住民だけでできるのか？　それもノーです。良心的な業者に出会ったとしても、その業者はより良い工事をするために予想以上に経費がかかってしまう可能性があります。たまたまマンションに専門家が住んでいたらある程度はわかるでしょう。しかし、その人に責任を負わせることは後々のトラブルの原因にもなってしまいます。そこで必要になってくるのが第三者機関なのです。

ＮＰＯ「いい家塾」は住宅問題に取り組み、正しい情報を伝えている団体です。庭付き一戸木の家の素晴らしさを伝え、後悔しない家造りを提唱しています。

建ては確かに多くの人の夢です。しかし、都会に住む人にとってマンションは避けられない選択肢となります。大規模修繕の経費は規模によって数千万円から数十億円にもなります。そこにたくさんの業者が群がっています。住み手が後悔せず、まともな業者がちゃんと仕事ができる環境にするためにも、「いい家塾」が関与すべき場所はたくさんあると思います。これからの活躍を大いに期待しています。最後に、自分達の住むマンションですから管理会社一任ではなく、自戒の意味からも賢明な住民になることです。

川柳

「億ションは　ハクションしたら　吹っ飛んだ」
「うすれゆく　向こう三軒　両隣」
「マンションの　隣の表札　ない不気味」

遊楽

小さな巨人「水谷ペイント」

2012年4月12日、水谷ペイント㈱本社工場を「いい家塾」の関係者17名で訪問しました。実りの多い見学会でしたのでレポートします。

ご縁は、昨年当塾が受注した、N分譲マンションの大規模改修コンサルティングでした。その外壁塗装工事で採用した塗料が水谷ペイント社製の「ナノコンポジットW」でした。産官学共同開発で15年の研究の結果開発されたのです。

ナノテクノロジーが環境対応と機能性を両立させた画期的な壁用塗料で、特許取得もされ「井上春成賞」受賞という大変優れものでした。

工事完了時、住民の皆さんが慰労会を開いてくださり、O理事長初め感謝の言葉を頂戴しました。主な要因は、劣化診断から始まり最適な改修工事をしたこと。と、使用した塗料が大変好評だったのです。

さらに昨年末、産官学共同で「バイオマスR」という屋根用塗料の完成発表会にお招き頂きました。文字通り原材料は「生物資源の固まりで有機性の廃棄物」です。いわゆる「植物由来の資源」から誕生した画期的な塗料が完成したのです。

世の中の塗料のほとんどが石油化学製品から出来ています。石油由来は、人体に大きな負荷をかけるVOC（揮発性有機化合物）を発散させます。これがシックハウスの原因物質であり、シックハウス症候群や70万人以上と言われる化学物質過敏症で多くの人を苦しめているは周知の通りです。

当日は水谷成彦社長初め10名の幹部社員が対応してくださいました。工場見学ではマル秘の現場も特別に見せていただきました。主要商品のプレゼンテーションでは上記2商品の開発技術担当者から開発経緯を聞きました。とても真似の出来ない技術者のひたむきな情熱に感動を覚えました。

創業90年を迎えられた水谷ペイントは、創業者以来塗料製造一筋に取り組んでこられたそうです。特に先進のテクノロジーを導入して、革新的な商品開発に特化してこられたとお見受けしました。長寿の秘訣がこのへんにもありそうです。

場内は、塗料メーカー独特の刺激臭を予想していたのですがほとんど感じませんでした。

水谷社長に質してみると、15年前に地域との協調を考えＩＳＯ認証を取得し、周辺住民から臭わない工場だと喜んでもらっているそうです。

次に、シックハウスの事例やシックハウス症候群の苦しみなどを問題提起しました。私は「子供受難時代」だと指摘して、13万人の不登校の児童生徒の多くがシックハウスやシックスクールが原因で、シックハウス症候群や化学物質過敏症になり学校へ行きたくても行けない現実を訴えました。

人間の心身に大きなダメージを与える商品を販売することは許されません。企業も行政もこの責任を問われなければならないのにまったく野放しです。アスベストも遅まきながらようやく退場処分になりました。生命と健康を害する物は淘汰されるのは明白です。

ＶＯＣ発生源の石油由来の建材や塗料、接着剤などの製品は近々販売できなくなると思います。ようやく強い味方が現れました。まさに正義の味方です。植物由来の塗料の開発に成功した水谷ペイントさんに感謝と共に、今後もっと多くの人々に認知してもらう活動を期待してやみません。私は最後にバイオマスＲの技術をもっと進化させて、世界のパイオニアになって欲しいと期待を表明しました。宝石も世に出て初めて宝物になります。

「大阪に水谷ペイントという小さな巨人が存在した」と、わくわくしながらの帰路、神崎川に満開の桜が「花笑み」でした。

二、木製化リノベーションで悩み解消

解決策

木製化リノベーションで悩み解消

ＲＣマンション住人の悩みを多く聞いてきました。コンクリートの宿命として第1章二重苦に詳述しました。では「どうしたらいいのか」と、よく聞かれましたので解決策として木製化で全面改修である、リノベーションをお勧めしています。

改善策

なぜ「木製化なのか」〜驚きの実験結果から〜

静岡大学農学部が、3種類の環境の違いによる、子マウスの飼育実験を行いました。いい家塾の講座で「生命を育む」というこの記録映画を教材として鑑賞します。
木に囲まれていると何となく心地良い。では、その心地良さと寿命は、関係がある

のでしょうか？　それを調べた実験です。木製、コンクリート製、金属製の箱に、それぞれ生まれたばかりの子マウスを入れ、体重の増減と23日後の生存率を調べたものです。結果は驚きの結果になりました。

コンクリート製のケージのマウスは、かわいそうですが10日たった時点でほとんどが死んでしまいました。23日後の生存率で比較すると、木製ゲージの生存率が85・1％、金属製ゲージが41・0％、コンクリート製はわずか6・9％と、大きな差が出ています。体重増加率も木製ゲージのマウスが、一番増加しています。この結果からみても、やはり、木に囲まれている環境は、生き物にとって過ごしやすいの

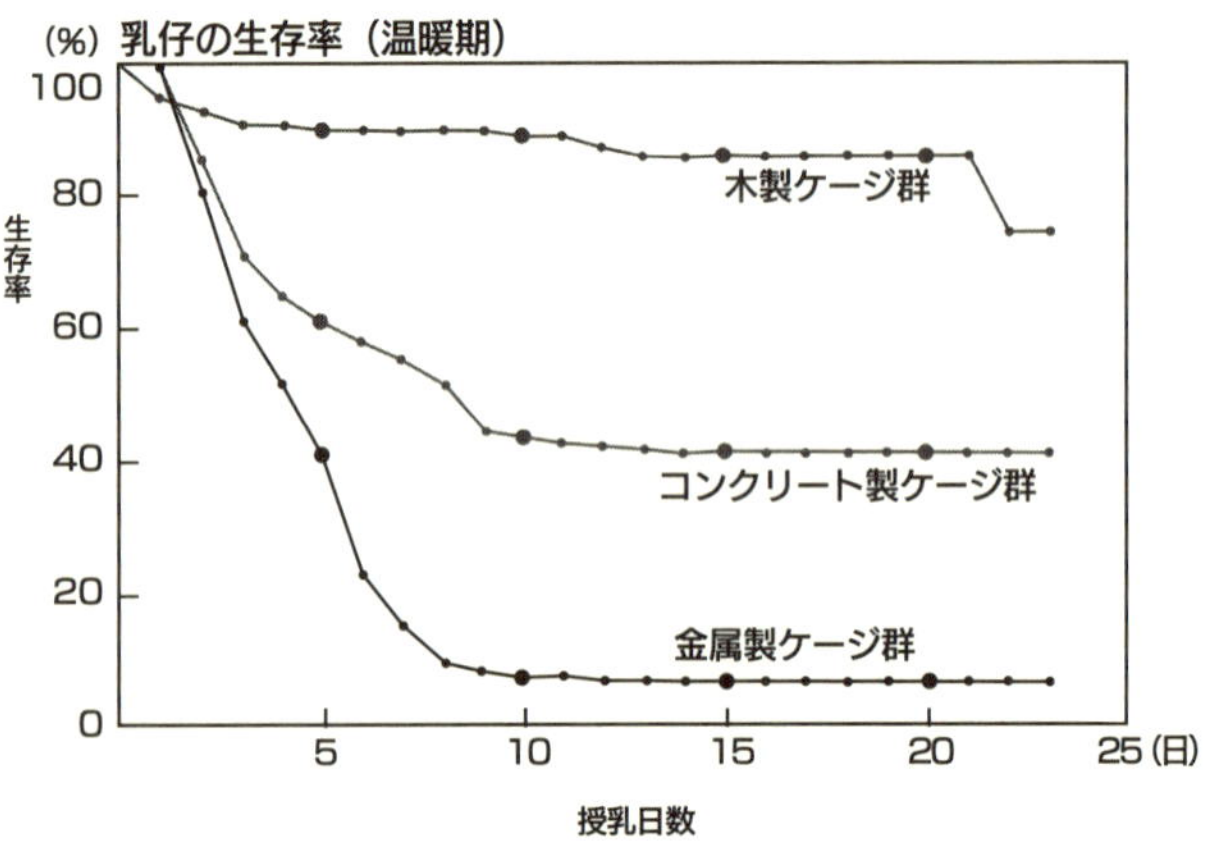

でしょう。人間も木の家に住んだほうが、長生きできるかもしれませんね。
そこで、マンションをリノベーションで木製化することをお勧めいたします。

◆「リフォームとリノベーション」の違い　国土交通省の定義

・リフォームとは、新築時の計画に近づくように復元する「修繕」

・リノベーションとは、新築時の計画とは違う次元に改修する「改修」

つまり、不具合や時代に合わなくなった用途や機能を最新のものに刷新し、性能を向上させるもの。

成果事例　マンション住戸の木製化リノベーション

◆ビフォー＆アフター

13期生の湯川さんから、築16年の分譲マンションが、どうにも住みづらくなったので、何とかしたいという深刻な相談がありました。

家族はご夫妻と高校生のお姉ちゃんと中学生の弟の４人家族です。某大手有名マンション会社の設計施工の約20坪の３ＬＤＫタイプのごく平均的なスペックです。１棟に対して南面住戸を増やす為、１住戸当たりの巾は約６ｍ、奥行は約11ｍ、片廊下タイプの典型的な配置です。

３部屋の内、洋室、和室の２室が南面に窓がありますが、肝心のＬＤＫには窓がありません。北面の廊下側に、残りの１部屋が面しますが、窓廻りや北側の壁は結露の酷い部屋だそうです。

居間は昼間でも暗く、照明が欠かせないので、南側洋室の建具を取っ払ってしまい居間の延長となっています。北側の部屋は、結露の為にかび臭く、結局は物置部屋と化しています。唯一残った和室が家族全員の寝室となり、川の字に寝ることになっていました。

最初から、このような生活になることは覚悟しておられましたが、子供が小さい頃は特に問題無かったのですが、成長して日増しに、家族からこの間取りを何とかして欲しいとの声が上がる中で、改修を決断されたのです。

木製化リノベーションがスタート

築16年の分譲マンションであり、悩みの状況判断からリフォームではなく、コンクリートストレスを解消する為、可能な限り無垢の木を使って「リノベーション」をすることになりました。部屋の内装を全て取り壊し元のスケルトンの状態からリノベーションがスタートです。担当は、過去にマンションの設計を多数経験してきたサポーターの一級建築士、山田哲也さんが買って出てくれました。

1、ワンルーム化への挑戦

日本の伝統的な生活スタイルでは、襖や障子を利用し、個室になったり広間になったりする可変空間が一般的でした。家族の時間的な変化や冠婚葬祭等のイベントにフレキシブルに対応する、現代版の伝統的な和空間システムの再評価が今回のテーマとなりました。

個室ゾーンとパブリックゾーンを杉の列柱で分割し、子供の年齢に応じて、家具等を利用して個室にしたり、ワンルームに戻したりするプランを実現させました。

柱と共に、可動梁も設け、板を張れば物置用のロフトになります。加えて、昔の欄間のように南北の窓を開ければ常に風が流れ、マンションであってもエアコンに依存しない生活を目指しました。

解体直後のスケルトンの状態

2、仕上げ材料

マンションの床は、下階への音の問題も大事なポイントです。コンクリートの床スラブがあるとは云え、子供が走ったりする衝撃音対策は必須です。とはいえ、市販のウレタン塗装された、マンション用の防音合板フローリングを専用のシンナー系溶剤の接着剤で止める工法は、採用できません。

現在手に入る一番安い無垢床材「杉フローリング」を使用することにしましたが、音の問題が解決する必要が生じました。通常、改修工事に当たって既存の床を撤去することから始めますが、この物件はもともと防音フローリングが施工されていたので、その上から15ミリ厚の根太を設置、根太間には15ミリのポリエステル繊維を圧縮したボードを使い、断熱及び、防音効果を狙います。このポリエステル繊維はペットボトルの再生製品でもあり、常温では揮発性化学物質の問題が無いことも確認しました。

床の塗装はドイツ製の自然塗料を使用。コストダウンを図る為、塗装はご家族で行って頂きました。壁の仕上げは、ドイツ製のＯＳＢボードと、ホタテ貝の貝殻を利用したカルシュームペイントに決定。ＯＳＢボードには接着剤が含まれていますが、ヨー

杉の列柱が出来ました。

ロッパの自然素材系家具や建具の輸送時に、梱包材として使われているとの事で、ご本人のテストでもＯＫでしたので採用することになりました。カルシュームペイントは、この製品の持つ揮発性有害物質除去の性能に期待しました。

天井仕上げは、当初は天井材を解体したコンクリートむき出しを考えていましたが昼間でも部屋が暗くなる為、作業現場途中で白い水性ペイントに変更しました。当時、コンクリートに水性ペイントは難しかったのですが、塗装屋さんと何度も話し合い下地塗りの材料を工夫して貰うことでクリアーしました。

セルローズファイバーの
吹込みの状況です。

3、結露との戦い

マンションで生活する人にとっての結露問題は、問題というより、諦めに近いのが現状では無いでしょうか？　多くのマンションは、サッシュのガラスはシングル、断熱材は外壁に面するコンクリート部分に15ミリから20ミリ程度の吹付ウレタンです。内装建材も、ビニールクロスやウレタン塗装の合板フローリング等の新建材であり、調湿機能は全く無いものです。本書で、断熱材について多くページを割きましたので、ここでは簡単に書きますが、今回の改修についても、結露対策が最大のポイントでした。

結果を言います。セルローズファイバーを外壁面に75ミリ充填＋全ての内装材に調湿機能も持たすことで、冬季に悩まされた酷い結露は防ぐことに成功しました。ただ、ガラスは共用部分になり勝手に取り換えることができません。湯川さんから最新の報告では、一昨年、ガス＋石油のファンヒーターを導入してから、部屋の湿度が高くなる傾向があり、窓の結露が再発しているそうです。対策として、プラスチック窓枠等でサッシュの2重化が、最重要検討項目となっています。この様に、冬の暖房器具の選定によって、結露の発生が左右されることも大事なポイントです。実際に住んでみることで、人間の感じる暑さや寒さは、温度だけで無く、湿度の影響も大きいことといえます。

改修後最初の夏、室温が30度を超えても、湿度が60％以下であれば、風さえあればエアコンを利用しなくても生活出来ることを実感したそうです。防犯上、窓を閉めきらざるを得ない夜間でも、1～2時間程度エアコンで湿度を下げれば、扇風機で、朝まで普通に過ごしたそうです。改修前は、夏の間、ほぼ24時間、エアコンが稼働していたことを思えば、エネルギー消費が大幅にダウンしたと報告して下さいました。

4、木質化リノベーションについて

湯川さんからも、ホンモノの木を使った内装を希望されました。市販のマンションの内装の大半は新建材を駆使した「木テイスト」で味付けされています。例えば、各種の合成香料を混ぜて味付された、無果汁飲料のようなものでしょうか。多くの購入者がホンモノの木で出来ていると思って信じている物の多くが、フィルムに木目を印刷したビニールシートであったり、極薄にスライスした突板をベニアに貼り付け、ウレタン等でコーティングされた、本来の木材とはかけ離れたモノで出来ています。何故、世の中がこんなことになったのか？　と言えば供給側のコストの論理は言うまでもなく、木材が本来持つ、反りや割れ、伸び縮みをクレームとして良しとせず、木の持つ雰囲気だけ安価に欲しがる消費者側にも責任があったと思います。

ホンモノの木の持つ特性として

①　湿気の吸放出性能
②　断熱性能
③　静電気を帯びない
④　樹種ごとの特有の香り
⑤　容易な加工性
⑥　手触り、足触りの良さ
⑦　視覚的な「やさしさ」や「落ち着き感」等

マンションの内装であっても、その特性を利用しない手はありません。湯川さんには、ホンモノである故に、反りや痩せ、割れ等の可能性を説明しコストの制約からも、節が多い安価な杉材の利用をメインに検討しました。

ワンルーム化された居室

今回のリノベーションでは、床材と部屋を構成するインナーストラクチャーである柱と梁に、無垢の杉材をふんだんに利用するにしました。木製化のメリットとして、材料の加工の容易性も見逃せません。つまり、柔らかいスギは経年変化で床が傷だらけになっても、サンドペーパーさえあれば、素人でも簡単に改修当時の床に戻せます。同じように、インナーストラクチャーに板材と金槌、釘さえあれば、囲まれた壁やロフトの床が作れます。部屋の用途が変わり、壁板等が不要になっても、釘を外して棚等に再利用できます。

吹き込みセルローズファイバーを、断熱材として使用しましたが、そもそも、新聞紙の原料は木材パルプであり、この部分も、木質化と言えます。

5、コストをクリアーする為の工夫

部屋を仕切らずに、ワンルーム化することで、大工さんの仕事量を減らし、コストダウンの最大ポイントになりました。加えて、部屋を仕切る必要が無いことから、建具工事も不要となり、この家では扉はトイレとユニットバス、2カ所のみとなります。そして、トイレの扉は、以前の住戸のままにしたので、建具工事項目は実質0円を実現。洗面脱衣室の扉については、仕切りのタペストリー用の布と丸棒をホームセンターで購入し自作で対応します。又、床のワックスも家族で施工することで塗装費用を節約しました。壁の一部には、OSBボードを採用。大工さんがボードが貼り上げた段階で内装が完成、クロス等の仕上げ工事が不要となりました。

一般に、収納スペースをたくさん作ることが、良い設計とされますが、今回は洗面所に一ケ所、キッチンの裏側を隠す棚だけに留め、造作費用を押さえました。その代わりに、部屋中を縦断するインナーストストラクチャーである柱＋梁が活躍します。

設備については、給湯器、便器、レンジフード、照明器具等、以前に使っていたものを出来るだけ再利用しました。又、工務店さんの倉庫に眠っている、余っている資材を教えて頂き、安くわけてもらう手法も有効。引き渡し直前に行う、美装工事も、自前でやればお金は無用です。

参考までに、工事費は個人情報なので、正確な数字は書けませんが、当時の価格で、500万でかなりのお釣りがあったとだけ、記しておきます。子育ても終盤戦になり、長女も一人暮らしを検討されているそうで、その空いたスペースをどう使うか？　が、最近の課題だそうです。前述のワンルーム化プランのおかげで、部屋として仕切っている家具を移動すれば、念願の趣味の書斎もやっと確保出来そうですと湯川さんから近況報告がありました。

また将来、車椅子を使うことになっても、広い土間玄関が役に立ちます。将来の生活スタイルや家族の変化に対応できます。未来のことは判りませんが、少なくとも、どの階のどの部屋を選ぶか？　の判断として「n－LDK」つまり、何室の部屋が1戸の家の中にあるか？　などと云う、マンションの変な間取り神話に縛られる必要がなくなったことは事実です。と、湯川さんは笑顔で答えてくれました。「家、笑う」です。

「後悔した家を支援する」と、私たちが取り組んだ木製化リノベーションの成果は、依頼者の笑顔が答えであったと私たちも笑顔になりました。

川柳　「パステルの　カーテンに替え　帰り待つ」　遊楽

6、リノベーション物件購入の注意事項

最近、中古マンションをリノベーションして販売する業者が多くあります。メリットは、手ごろな価格でお気に入りの家が手に入る事でしょうね。新築物件に比べて3〜4割安いので買いやすいかもしれません。

デメリットは、中古マンションの場合、部屋は新築同様になったとしても、構造や躯体などは変えられないことです。古いマンションは老朽化の恐れがあり築30〜40年で建て替え問題に直面しますので、築年数を確認して購入すべきです。これは、自宅をリノベーションする住人も同様のリスクですから要注意事項です。

狙い目は、新築同様の中古物件です。「住宅の品質確保の促進等に関する法律」では、新築で誰も住まないまま、1年を経過すれば中古物件とみなされ安くなりますので探してください。

コラム

伐採祈願祭で大黒柱を自分で伐ろう

「いい家塾」では、お施主さんから特に指定がない場合は、高知県にある梼原町森林組合と提携して、木材を提供してもらっています。

私たちが、なぜ高知県から木材を取り寄せているのか。それは、梼原町の森林組合が、環境に配慮し、かつ適正に管理された持続可能な森林として、国際的な第三者機関（ＦＳＣ森林管理協議会）から認められているからです。

皆さんは野菜など、口に入れるものを選ぶとき、どこの誰がどのようにして育てたか、気になりますよね。それと同じで、長い間家族と共に過ごし、家を支える続ける木材も、どんなところでどのように育った木材なのか、わかるようにしておくことは、とても大切なことだと思うのです。

そういうわけで、「いい家塾」のプロデュースで家づくりに取り組む皆さんには、梼原町でおこなう伐採祈願祭への参加をおすすめしています。木が実際に生えている現場にでかけ、自分たちの手で家に使う大黒柱や棟木に斧を入れ、山への感謝と工事の無事を祈るのです。

梼原町の森林は、管理が行き届き、木々の一本一本が堂々としています。その木に斧を入れるとき、皆さん自然と山の恵みをいただくことに、感謝の念がわくそうです。

もう一つ大切なことがあります。同じ山の木で家づくりをすることは、奇跡に近い事でとても贅沢な事なのです。皆さんに喜んで頂いている私の自慢の一つでもあります。

伐採祈願祭では、山への感謝と工事の無事を祈ります。

成果

第9章　卒業生の、いい家ができました

その1

ディープ大阪
～2世帯3世代の大きな家に新たな歴史が刻まれました～

大阪市　牧野邸（いい家塾8期生　家族受講）

無添加の家に興味

牧野さんご夫妻は、いい家塾が天王寺区にあるお寺、一心寺の講堂を教室として使っていた頃の第8期生です。その後いろいろと学ばれたある日、いい家塾にご相談に来られました。

「無添加」の家に興味があるがどうなのでしょうか？　というご質問。「え？」と言いつつ…理解している限りのお答えをしました。

理学部出身の社長さんがいろいろ苦心して自然素材を厳選して使っていること。接着剤にもこだわっていること。デザインはヨーロッパ、バスク地方のイメージの家にほぼ統一されていること。断熱には炭化コルクを使っているが、この部分が最もいい家塾の家との大きな違いで、断熱性能、調湿能力、防音性能においての比較を丁寧にお話ししました。時間をかけて検討なさった結果、いい家塾での家づくりを決定していただきました。

商店街の薬局と住まい

「ディープ大阪」と呼べそうな、大阪市内旧街道沿いの商店街で薬学博士の牧野さんはここで代々薬局をなさっています。お母様も70歳を過ぎてなお現役の薬剤師。

そしてそのお店の裏手に昭和初期の年代に建てられた住まいがあり、今回の依頼内容はその住まいの建て替えです。道路に面しての幅は狭く、奥行きが深い敷地で周りは建て込んでいます。近隣商業地域で準防火地域でもある場所です。担当するサポーターのプロジェクトチームは、設計・監理を一級建築士吉田公彦さん、建築施工は山本博工務店に決まりました。

2世帯3世代（＋α）の家

勉強熱心で、長い休日には孫達を連れてアフリカに行くほどのバイタリティのあるお母さんの世帯と、当主である牧野さんご夫婦には、おしゃまな3歳の女の子と1歳になる男の子のかわいい二人のお子さんの4人家族です。そして　建築中に「同居人」がもう一人、増えることになりました。それは近くの高校に通うことになったお孫さんが、親宅のロフトに「下宿」するという話です。空間はありましたが屋根裏のこと、急遽、現場で皆で考え、工夫して居心地のよさそうな「＋α のすみか」をつくることになりました。

家の歴史が詰まった旧宅を解体し、牧野さんにとっての新しい「いい家」とは次のように決まりました。

・死ぬまで心地よく住み続けられる家
・お互いが気兼ねのない二世帯住宅
・人工的な化学物質を使わない、健康な家
・自然エネルギーの生きる家
・世代を超えて住み継いで行ける家

一体構造、二つの住まい

基本的には親世帯、子世帯それぞれに玄関、洗面、浴室、リビング、LDK、寝室

思い出の旧家の丸太を親宅の居室を支える丸太梁として再利用しました。

がある完全な独立の二つの家なのです。しかし、法的にも構造的にもそして親子の気持ち的にも、全く別々の2軒には出来ません。そこで「二つの家」をつなぐ手段として考えたのが、日本家屋の歴史に学んだ、坪庭と和室です。両方の家は直接、廊下ではつながっていませんが、真ん中にある和室にはどちらからも行けます。

つまり、和室を通れば、わざわざ玄関を出入りしなくても、家同志の行き来は出来るのです。その和室の前に小さな日本庭園（坪庭）を置きました。間口が狭く、奥行きが深いこの土地の特性を生かして、通り庭、坪庭、奥の庭を配置することで、都心にありながら自然を感じられる空間になりました。

外観的には燻しの平瓦や木の格子を使うことなどで現代和をイメージしました。小ぶりな平屋の親世帯を道路側に、二階建の子世帯の家を奥に配置することで、道路側から見たときに必要以上に大きく見せない、でも奥では広がりもあります。仕事場である薬局とも機能的につながっていて、使いやすい心地いい家になったのではないかと考えています。

おじいさんの思いを生かして…

牧野さんのおじいさんは、金物職人として建築に携わった人でした。取り壊す前の古いおうちを調査した時、複雑に建て増しを続けた家にも関わらず屋根の板金工事がしっかりできていて、雨漏りの痕跡も無かったのです。

家の中のしつらえも質の高いものでした。床の間の板、違い棚、欄間、書院窓や板戸から昭和を感じさせる照明器具まで再利用したいと思える魅力的な部材がいろいろありました。これらを活かして再利用することは、コストとしては、新しくつくるくらいか、あるいはそれ以上にかかることもあります。かつての住まいの記憶をつないでいくためにも大事にしたいし、今となっては同等のものを作れる職人が激減していきます。

当塾では、価値のある物を後世に残すことと、ご先祖からの家の歴史を繋いでゆくことがとても大切なことだと考えています。全部使うことはかないませんでしたが、

2本の丸太梁をはじめ、新しい家のあちこちに効果的に利用することが出来ました。これには、施工担当の山本博工務店が長年取り組んでこられた多くの町家改修の経験と技術が発揮されました。

槇の大樹

そして最も大きなおじいさんからの「贈り物」。それはかつて、中庭に植えられていた槇の大樹。丹念に大切に育てて下さったおかげで、とっても木肌の美しい、唯一無二の床柱に生まれ変わりました。この槇の大木を切り倒す時にも忘れられないドラマが誕生しました。大工さんのチェーンソーが枝を切っていたら壊れてしまったのです。伐採本番用に、昔おじいさんが使っていた、今は錆が出ているのこぎりを牧野さんが探し出した、のこぎりで無事に切り倒すことができたのです。ここでもおじいさんの強い想いが助けてくれたのかもしれませんね。

こういったエピソードを語り継いで、おじいさんから牧野さん、その子たち、孫たちへと家と住まいの歴史が語り継がれて行けば、そして大切に永く住み続けていただければ素晴らしいことだと思います。

◆家づくりのご相談は、第７章さあ、家づくりを実践しよう
「家づくりのスケジュール」Ｐ２４７を参照

川柳　「おじいさんの　命をつなぐ　床柱」　遊楽

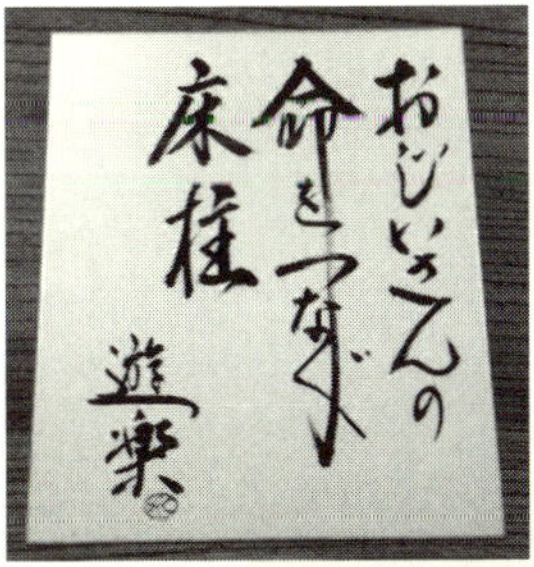

親宅と子宅の間にある和室。旧家の欄間やおじいさんの槙の樹を床柱に活かした。

感想文　「いい家塾を通じて「いい家」に建替えて」　8期生　牧野明彦

消費者団体の機関紙で、いい家塾を知り受講したのが2007年でした。建替えの計画がのびのびになり本格的に取り組み始めたのが2011年の春でした。プランに1年、解体と地盤改良、建築に1年かかり今年の春に引っ越しを終えました。その間、釜中塾長には良きアドバイスを頂き感謝しております。

解体した家は、増改築をしており築100年位の建物でした。大工の祖父が仲間と建てただけあって、まだ構造がシッカリしていました。解体の際に、新築の家に受け継ぐ建具や梁を取り置いて頂きました。その大工さんの祖父が、僕の祖父と大工仲間だったのには驚きました。何か見えない働きがあるのを感じました。祖父が庭で育てた槙《マキ》の木を床柱に利用するために切ったのも、新月の日だったりと祖父や父が喜んでいるんだと、不思議なことが多く感じました。

また、祖父が庭で大事に槙の木を育てていたのは、大きくなったらこの木で風呂桶を作ろうと考えていたからです。しかし祖父が死んでからは枝打ちもしておらず、上部は枝が伸び放題でした。大工さんがこの槙を切るためにチェーンソーを使って枝を払い、根元を切ろうとしたと時にチェーンソーが壊れて動かなくなりました。

その時に偶然、祖父愛用のノコギリを使って頂こうと思いつきました。若手の大工さんに祖父愛用のノコで見事に伐採してもらいました。

後から工務店の社長にお聞きしたところ、ノコは大事な商売道具なので錆や歯こぼれのないように保管するとお聞きしました。しかし、僕の保存が悪く錆と歯こぼれが多くあったにも関わらず、一気に切って頂いて感動しましました。

大阪市内の下町で住宅密集地ですから夏の暑さは格別です。昨年までは賃貸マンションでしたので、日中はクーラーが効かないくらいの暑さでしたが、今年は快適に過ごすことができました。設計でも夏重視の構造になっていたからだと思っています。これから冬を迎えるのでどれくらい過ごしやすいか楽しみです。マンション暮らしの時は家族の1人が風邪を引くと順番に全員が風邪をひく事が多かったですが、引越してからは風邪を引かなくなりました。

先日、いい家塾の木の床のお手入れ講習会があり、伐採祈願祭でご一緒した方のお宅にうかがいました。住まわれて1年以上たつとのことでしたが、冬も過ごし易かったとお聞きしました。この講習会はいい家塾のＯＢ対象ということもあり、講習後の茶話会でいい家塾ＯＢ会設立の話が話題になりましたがぜひ実現して欲しいです。

その2
土地探しから旧宅の売却まで奮闘の結果
～エアコンゼロの住み心地のいい家が出来ました～

河内長野市　８期生　奥田邸

講座を受講したら「いい家」が欲しくなった

奥田直美さんがご相談に来られたのは２００８年8月、私の誕生日でしたのでよく覚えています。ご主人と一番年少が高校生の３人のお子さんの５人家族です。その時は、築15年の建売住宅にお住まいで、ここを売却して新しい土地を探して新築したいというご希望でした。ヒヤリングシートを見ると3人が花粉症でアトピーの方もいます。そんなこんなで、塾で学んだ自然素材をふんだんに使った健康重視の家が理想ですと希望されました。

奥田さんの家づくりのご希望は家族の健康と団らんでした。

このポイントをおさえて次のように進めていきました。

・無垢の木と自然素材で健康的な家
・家族５人が団らんできるリビングを家の中心に
・できたらエアコン無しの風通しのいい家
・家庭菜園が出来て車２台の駐車場がとれる広さの敷地

奥田さんがそれまでお住まいだった家は、建て売りで購入された家でしたが、間取りなどには特に不自由を感じていなかったそうで

居間の上に吹き抜けで開放感ができた。

南向きの配置で冬は日射を取り込み、夏は庇で影をつくる。

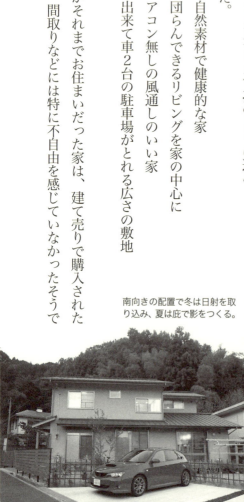

す。ご主人も当初ここに建替えを考えておられたそうです。しかし、地形が悪いのが気がかりだったそうです。ビニールクロスと合板の床の家でしたので、奥さんは無農薬野菜の宅配関係のお仕事をされていたこともあり「いつか自然素材の家に住みたい」と願われていたそうです。しかし、新築に関しては家族の関心も低かったそうです。

それでも、食器棚やテーブルなどを無垢材の良いものでそろえるなどしているうちに、やはり家も自然素材にしなければという思いが強くなっていったと言います。期せずして「いい家塾」を知り、講座を受講したのが大きな転機になったそうです。

土地探し

受講から数年後、ご相談を受けて愈々土地探しから始まりました。当時お住まいの土地から少し離れた奥様の実家に近い場所で探すことになりました。その辺りには、30年程前から電鉄会社などの住宅団地開発が進んでおり、その中で、いくつかの土地を見て回るうちに、気に入った土地が見つかりました。奥田さんから診断して欲しいと連絡があり現地を検分しました。

道路に面していて3方に隣家が建っています。私は講座で、土地と家は不離一体であり、とても重要な要素と云っています。そして、土地だから地面ばかり見ないで、上も見るようにと注意しています。この土地も欠点がいくつかありました。裏の家が高い擁壁の下に建っていたことと、南が前面道路を挟んで小高い森です。日照の欲しい冬期に日当たりが悪いので賛成できませんでした。

その時、同行していた不動産屋さんが、もう1か所売り物件がありますと言い、案内された物件が坪単価も変わらず数段良かったのです。ほぼ正方形で地形も良く西南

エアコンゼロの家：緑のカーテンで日差しを遮る

の角地で2面が道路に面していますし、日当たりも良好です。北側に山があり西日を遮り、緑に囲まれ小鳥の鳴き声に癒される良い環境です。面積も75坪あり予算内で収まりますので、合格のサインを出しました。

土地が決まったことでプロジェクトチームを編成しました。設計・監理を1級建築士の木津田秀雄さん、建築施工は山本博工務店です。いよいよ基本設計がスタートです。敷地の中のどの位置に家を建てるか。小さな土地では、この位置にしか建てることができないという場合もありますが、奥田さんの場合は土地も広く、色々なバリエーションが考えられました。その中で、建物を真南向きに広く取る案でした。

建物を真南向きにすることは、冬に陽が室内の奥まで届くようになるだけではなく、夏にもメリットがあるのです。「いい家塾」では、夏の日射遮蔽のためにも庇を付けましょうと言っていますが、この庇が一番有効に効くのが、建物を真南に向けて建てた場合なのです。このようにして建物の配置の基本が決まりました。

間取りについては、奥田さん家族の住まい方をヒアリングしながら進めました。ご夫婦、3人のお子さんが殆どの時間、居間に集まって暮らされているということでした。居間を心地よい空間にしようということで、掘りこたつ形状のテーブルを置くことが決まりました。

間取りが決まって、実施設計が少し進んだところで、奥さんから重大な変更が出てきました。

やっぱり、居間に吹抜が欲しい！

吹抜には床がありませんが、屋根も壁もあり、実は施工に思ったより費用がかかるため、当初は断念していたのです。ただ、吹抜は後でつくるわけにはいきません。奥田さんはかなり悩まれたようですが、ここで「後悔する家」をつくるわけにはいきません。木津田さんも理解を示してくれ、設計のやり直しを行うことになりました。

木津田さんは設計の際によく「まだ紙の上の話ですから、この段階での後戻りは大丈夫ですよ」と言います。実際に家を建ててから、やっぱりああすれば良かった、本当はこんな家が良かったと、業者主導で急がせながら家を建てさせられ残念な思いをしておられる方が多くいらっしゃるようですが、「いい家塾」では適切なスケジュールも考えながら、立ち止まって熟慮する時間も大切だと考えています。

一難去ってまた一難

吹抜が加わった間取りも完成して、実施設計も順調に進みましたが、ここでまた障害がでてきました。今住んでいる家を売却して建築費に充てる予定でしたが、なかなか家が売れないのです。減額すれば売れなくはありませんが、資金的に厳しくなるので、じっと我慢して時期をうかがいました。

漸く、半年後希望する価格で売却できることになりました。今度は今住んでいる家の引き渡し時期が決まってしまったので、大急ぎで着工しなければなりません。工事の山本博工務店が大車輪で素早く対応してくれました。皆の努力や祈りが通じて無事上棟式を迎えたのです。この日は晴天で、山の緑のまぶしい気持ちの良い日でした。高知県梼原町森林組合の森でご家族が斧入れした棟木が無事上棟されました。お父様が、この日をことのほか喜ばれ、ご家族一同喜びを分かち合いました。

自然素材のこだわり

床は無垢のスギ、壁は和紙、布クロス、漆喰を使用した天然素材だけの家です。最近の家には珍しく続き間の和室があります。外壁は色モルタルの掻き落としとして、外壁通気工法を採用し、室内の湿気を有効に排出する工法となっています。もちろん断熱材はセルローズファイバーZ工法で、しっかり施工をしています。

キッチンについても、できるだけ自然素材のものをということで、天板にアルダー材をつかったオーストリアのキッチンを採用しました。

始めは家づくりに乗り気でなかった家族も、だんだんと家ができ上がるにつれて楽しみに現場に来られるようになりました。完成時にはお子さんも「お母さんの言っていた通りむっちゃ良い家や!」と大喜びだったそうです。

エアコンゼロが実現

その後、夏の日射遮蔽に緑のカーテンを植えたり、冬の暖房にペレットストーブを設置したり、吹抜と階段の窓に冬対策として断熱スクリーンを設置するなどして、細かな改善を自分たちで工夫しながらお住まいになっています。

そうそう、奥田邸にはエアコンがないのです。夏は確かに暑いのですが、日射遮蔽をしっかり行うことと南北の風を通すことで、エアコン無しでも過ごせているとのことです。確かに吹抜を通して風が家の中を縦方向にも動くことでエアコン無しが実現できたのだと思います。自然素材で自然のエネルギーの恩恵を受ける奥田さんが希望した「いい家」が完成しました。「目出度し芽出度し」

川柳　「エアコンなし　昔恥ずかし　今自慢」　遊楽

感想文「後悔しないいい家が、やっと完成しました」

河内長野市　8期生　奥田直美

まずは、釜中塾長の想いが本になっておめでとうございます。これから家造りを始める人には必読の書となりましたね。

私はこの度大阪の片田舎に、「こんな空間だったらずっと暮らしていきたい」と思える念願の家が完成しました。ゼロからスタートした初めての家造りは、いい家塾・胡桃設計・山本博工務店の人たちにいっぱい助けられて、そして私たちも大変な想いを経験して完成しました。

この家で1年を過ごしましたが、まず梅雨と暑い夏を過ごしました。我が家の特徴のひとつはエアコンがないことです。その中で感じたことは、風の通り道がある家、1階と2階の温度差の少ない家、そして今年の夏は毎日35度を超える猛暑となりましたが、夜はけっこう眠れるくらいの温度になってくれます。

そして家の真ん中にある吹き抜けはとても開放感のある空間、息子たちの遊びの空間、お気に入りの空間となっています。

この家をつくるのに消極的だった息子は「この家は素足で歩かないともったいない」と言い「ありがとう」と感謝されました。また、断熱材としてセルローズファイバーを使用しているので冬も温かく、リビングにペレットストーブだけで過ごせました。

新しい環境への不安や、住み慣れた地域と別れる不安など、それぞれの不安を抱えての引っ越しとなりましたが、ここで暮らすようになって、いつの間にか不安は消えてなくなりました。先人たちの智恵をヒントに、私たち住み手もより快適な暮らしを模索していきたいです。

これからも「いい家塾」の後悔しない家づくりに、私も何かの形で参加させていただきたいです。ほんとうにありがとうございました。

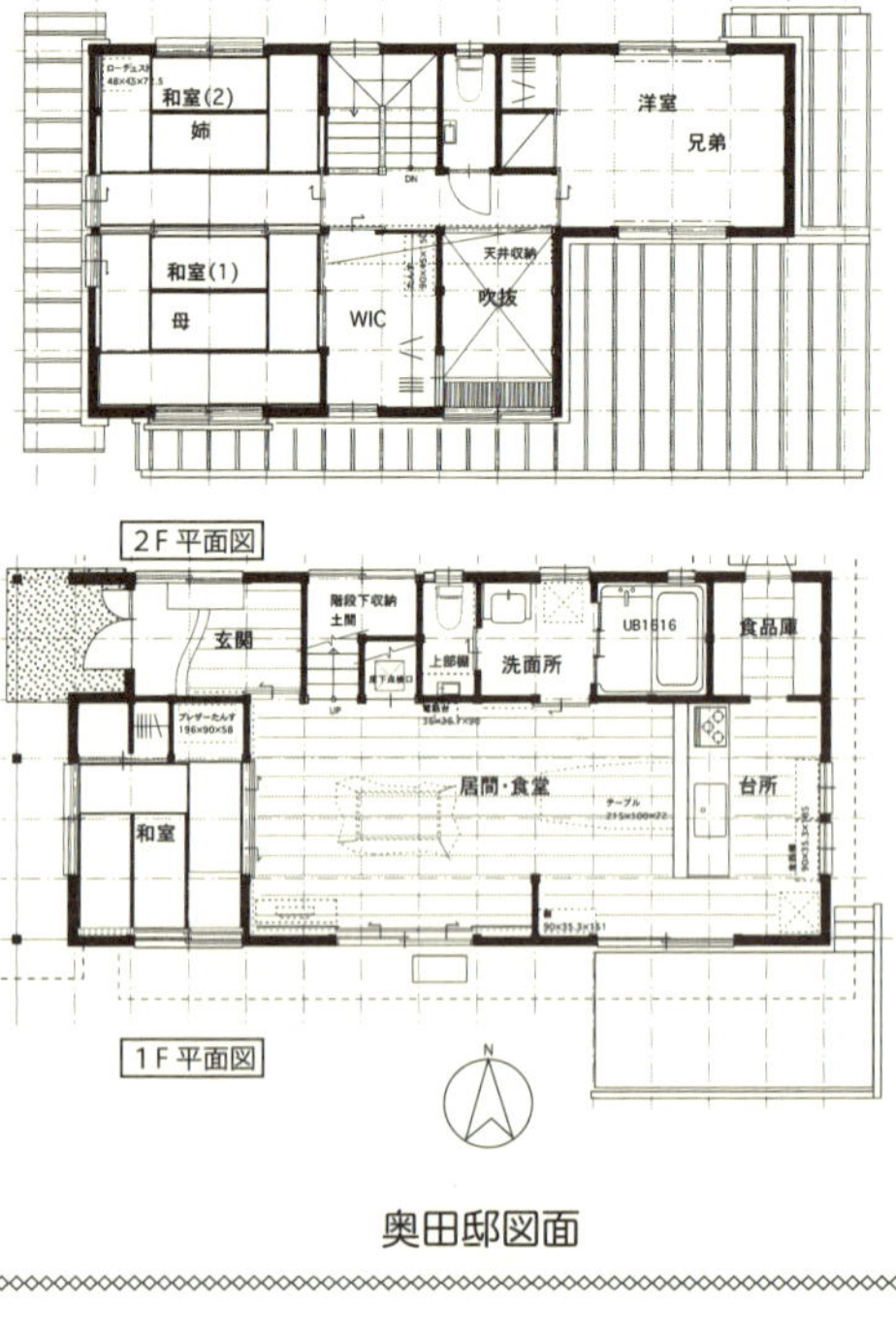

奥田邸図面

その３

「仏縁に導かれて」いい家づくりのレールに乗りました
～いい家塾の完成見学会がきっかけでした～

大阪市　14期生　林寺邸

いい家塾の完成見学会がご縁でした

川西市ケヤキ坂に10期生の若い家族のかわいいお家、山口邸が誕生しました。同じマンションでお子さんのママ友の関係で完成見学会に奥様が参加されたのが始まりでした。その時、林寺さんから「木の香りが素敵ですね」と言われた記憶があります。14期生として受講の動機が、見学会の好印象であったそうです。

コンクリートジャングルの中に
木造の現代建築の庫裡が出現。

初めての「庫裏」

庫裏というのは、お寺の敷地の中にあるご住職の住まいのことです。いい家塾では多くの家を手掛けていますが、「庫裏」は初めての経験ということになりました。

新大阪にも近いビルの谷間のお寺「正福寺」さん。商業地域にあってそれほど広くはないですが、その境内の一角に今回の依頼者である、副住職の林寺さん一家の住まいを建てるプロジェクトです。初めてお伺いした時、境内を拝見し予定されていた建築場所は不都合ですと申し上げました。そして、敷地の南側を推薦させていた頂きそこに決定しスタートしました。

あっと驚いた、二代の縁

いい家塾の事務局にご住職の奥様も来て頂き、担当するサポーターを紹介し顔あわ

玄関は大きな木製の格子戸と美しいカエデの樹が迎えてくれる。一歩入れば土間である。

せを致しました。プロジェクトチームは、設計・監理を吉田公彦さん、建築施工は岩鶴工務店さんが担当します。

長い歴史のある正福寺ですが、現在の本堂と庫裏は昭和44年に建てられた鉄筋コンクリート造のどちらも平屋建ての建物です。その古い図面をひも解いているときにドラマが生まれました。40数年前の本堂・庫裏の施工会社がなんと「岩鶴工務店」だったのです。実は全くの偶然でしたが、これには全員びっくりしました。

これを仏縁と言わずしてなんというのでしょう。み仏のお計らいに、ただただ厳粛な気持ちになったのを思い出します。

当の本人の岩鶴さんは、驚きよりも当時工事を担当したお父さんの先代社長が、問題なく仕事をしてくれていたことを祈っていました。こんな、不思議なご縁のもと、次代の住職の家を二代目の匠が手掛けることになりました。

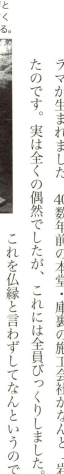

逆プレゼンテーション?

林寺さんご一家は、ご両親とやんちゃ盛りの兄弟です。伝世君が小1、智暉君は幼稚園児の二人と私は、本堂でボール遊びやお絵描きやカルタをよくしました。

書や絵をされるご主人と、家づくりを裏から支えられる奥様。現代的な若い感性にあふれたご夫妻で、こんな住まいを手に入れたいという要望も明確でした。

平面図や姿図も頂きましたが、ある時の打ち合わせには子どもたちと一緒に作った模型が登場して「逆プレゼンテーション」をしていただいた時には驚きました。ご家族の温かさ、知性を感じ、このイメージを大切にしなければと強く思いました。

驚きはなんと、いい家塾の講座の中の「夢を描く」というワークショップで奥様が描かれたプランは、実現した建物の最終的な平面図と驚くほど近いイメージだったことです。

林寺さんにとって「いい家」とは？

・マンション住まいだったこともあり、結露がなく居心地のいい木の住まい
・日本の家の伝統的なしつらえ、土間や縁側、格子戸、障子などをとりいれた、和を感じる家
・庫裏という建物は、多くの檀家の人たちが出入りしたり、子どもたちが集まるので、間仕切りなどを工夫することで多様に使える空間を持つ家
・平面的には狭くても吹抜や天井を工夫して狭さ、小ささを感じさせない家

桜の大樹

コンクリートジャングルの中のオアシスのような境内に、木造の小ぶりな現代建築

リビングはスギの床板。朱色の引き戸を開ければ畳の部屋で両サイドは収納庫。ガラス戸の向こうに桜の老木が見える。

の新しい庫裏。実は都市計画上、商業地域で防火地域でもあるこの敷地に、木の家を建てるにはいくつものハードルがあります。例えば柱や梁をそのまま露わしたいと思えば、太め、大きめの断面のものを使って「燃え代」があるように設計する、玄関に大きな木製の格子戸を採用したければ内側に防火戸に認定されたアルミサッシを入れておく、天井は板張りではなく漆喰塗りにする等。

冒頭に書きましたが、この建物を建てるべき場所を境内の中で探していたときに、中庭に15メートル以上もあろうかという桜の大樹がありました。南に10階建てのマンションが建った後も春には美しく咲き誇るということで、この桜を囲む形になるように新庫裏を配置することになりました。

現代和の若々しい庫裏が、この老木と共に多くの門信徒の集いの場として、副住職様のご家族の充実した歴史を刻んで行ってほしいと祈念申します。頂きました大きな仏縁に門徒の一人と致しまして深く感謝申し上げます。

合　掌

感想文　「いい家」に住んで「ウチってええなあ」

林寺　堅

昨年の九月下旬、オフィスビルやマンションの建ち並ぶＪＲ新大阪駅から徒歩10分ほどの場所に、待ちに待った「いい家」が完成しました。7年間暮らしたマンションから新居に移って一年と少し。その1年弱の間に、妻と二人して何度も口にしたのは、「ウチってええなあ」という感嘆と讃辞の言葉。正確な回数は分からないけれど、相当数口にしたように思います。

たとえばそれは、倒れそうなほど蒸し暑い日に外出先から帰って来ると、家の中はカラッとしている時であり、たとえば、9歳と6歳の息子が、スペースを広く取った土間風の玄関に、ランドセルを放り投げて遊びに行く姿を見た時であり、たとえば、コーヒーを飲もうとお湯を沸かす間にふと、床板を見つめる時なんかであったりするわけです。

そもそも、14期生としていい家塾の講習を受講したのは妻であり、私自身は、いい家に関する知識らしい知識というものを持ち合わせてはいないのですが、頭で分からなくとも「いい家」は、住めばこうしてその良さを、確実に実感できるんです。

いや、マンション暮らしの時にもあるにはあったんですよ。「ええなあ」と口にすることは。「駅に近いから」「安全だから」「ゴミが出しやすいから」「眺めもいいから」とか。でもこの言い方は、子どもを「お利口だから」褒めてやった、みたいなもんで、住まいそのものへの愛情があまり感じられません。

その点、この家には、塾長、設計士さん、工務店の皆さんらの家づくりへの知識と情熱、そして完成までの物語が隅々にまで詰まっていますから、我が子のすべてを愛する母のように、どこもかしこも愛おしいという気持ちにさせられます。

そんな我が家ですから、ただほれぼれと「ウチってええなあ」と口にするだけで、「セルロースファイバーだからいいんだ」なんてケチな褒め方をする気にはなれません。でも、セルロースファイバーはいいです。使ってあって本当に良かったです。

その4

3世帯4世代が「集って暮らす喜び」

～若い感性を地域に広げる使命～

茨木市　16期生　椎名邸

思いがけない家づくり

事務局、釜中悠至の友人の椎名さんが16期生として受講の申し込みがありました。いずれ家づくりのために勉強しておこうというより「いい家塾」ってどんなことをしているのかちょっと覗いてやれ。実は、これが本音だったと後で聞きました。

しかし、思いがけない展開が待っていました。2月に講座が始まり第3講が終わった5月、奥様と4才と0歳のかわいい男の子のご家族が事務局に来られたのです。

実は、受講を決めてから、奥さんの実家の敷地の一角に家を建てる話しが持ち上がったので早速家づくりの相談に来られたのでした。

奥さんの実家には、3棟の住宅が建っています。ひとつは祖母の家、そしてご両親の家、もう一棟は空き家になっていました。この空き家を解体して家を建てることをお母さんから提案があったそうです。親子3世帯が4世代に渡って同じ敷地に住むというなんとも、ハッピーな話が誕生したのです。

マスコットができました

当塾が誕生して幸せなことは、沢山ありますが、なんといっても可愛い子供達との出会いです。かるたをしたり手品を見せてくれたりします。ホワイトボードはお絵かきや漢字の練習です。かけあい漫才もします。おしゃまな幼稚園児の姉妹はファッションショーをしてくれました。素直で明るい子供の笑顔にいつも気づきと元気をもらいます。子供はこの国の宝だと改めて実感する時です。

椎名家には観生《ミオ》君と真生《マオ》君の元気でかわいい兄弟がいます。

打合せの時、1歳になったばかりの真生君が私の膝の上に抱っこされるのです。

私に幸せな時間をくれる二人は可愛いマスコットになりました。

プロジェクトがスタート

担当するのは設計・監理を一級建築士木津田秀雄さん、建築施工は岩鶴工務店さんでチームを組みました。

敷地は、道路から約1m上がっており、さらに敷地内でも50㎝程高低差がありました。元々建っていた家も、この敷地内の高低差のために、1階に段差がある間取りになっていました。

ヒアリングシートの内容を元にしながら、打ち合わせを進めます。奥さんの愛さんは、絵画教室などをマンションのご自宅で開催されており、新しい家ではぜひアトリエを設けたいと言う希望がありました。

敷地の高低差をどのように処理するのか、アトリエを道路より奥の北側に設置して、アトリエと住戸部分を階段で結ぶ間取りを第一案として提示。しかし、以前の家で同じ階の中で階段があるのは何かと不便だったというお母さんの意見もあり、1階の高さは敷地の高い方に合わせようということになりました。

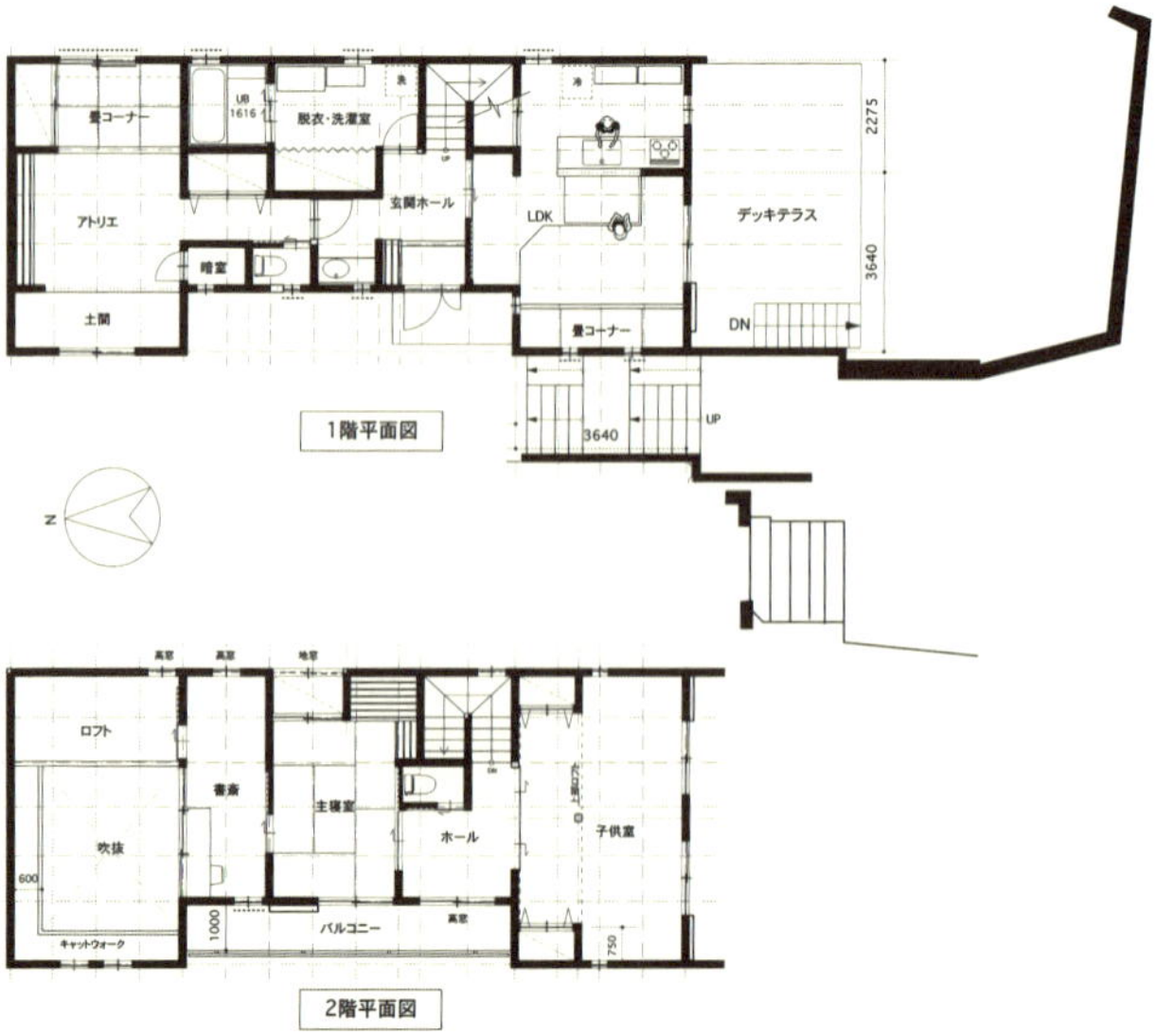

椎名邸図面

また2階に子供部屋と寝室を設計していましたが、お父さんから、ご主人の保友さんの部屋も小さくても作っておくべきだとのアドバイスもあり、書斎もつくることになりました。

家族のライフスタイル&プランと間取りのイラストがポイントに

こうやって、基本設計の間取りは2回目の打ち合わせでほぼ決まりました。このように非常に短い回数で間取りが決まることも時々あります。特に椎名さんの場合は、アトリエと自宅の空間のバランスや関係についてご自身で良く整理されていたことです。無理に大きな部屋を取らずに設計を進めることができた点が、早く間取りを決めることができた要因です。

なにより事前に、家族のライフスタイル&プランと、こんな間取りが欲しいという、イラスト入りの希望シートが作業をスムーズに進展させました。愛さんの感性が存分に発揮されたことも忘れてはいけません。

設計が進む中で、他の塾生のご家族と一緒に、高知県梼原町に行って、伐採祈願祭に参加していただきました。伐採祈願祭の際に家族で伐採した樹木を棟木やこども部屋の梁などに使っています。園児の観生《ミオ》君にもこの日のことは生涯忘れられない貴重な思い出になったと思います。また道中のバスの中で、大神光汰君と漫才をしたり、即興で唄を歌ってくれたり素晴らしい感性を披露してくれました。

アトリエは吹抜で開放的にできあがりました。

さて施工ですが、担当工務店のきめ細かな対応で建物を仕上げました。また塀や外構などについても、お母さんや祖母の意見を聞きながら、調整していきました。

室内は、アトリエ部分や2階の床はスギ板で、1階には床暖房を設置したこともあり、カバ材を使用しています。壁には、布クロスの他、ドイツ製のペンキ下地の紙クロス等も使用しています。紙クロスは、本来ペンキで塗装をして完成するものですが、安価であることと、まだお子さんが小さくアトリエなどで絵の具などを使うと汚してしまうことが想定されるので採用しました。

敷地の形状から建物が南北に長くなってしまったのですが、南側にできるだけ開口を設けるとともに、外観のアクセントとして袖壁を設置したことで、西日対策にもなっています。

断熱材にはセルローズファイバーZ工法を採用しています。椎名邸では2階と1階の間にもセルローズファイバーを充填しており、2階からの音を止める役割が期待できます。また、自然採光と縦横に風が通るように開口部を適切にとりました。

※本文中の、序章P30と第7章P263を参照願います。

竣工引渡式で4世代のご家族とプロジェクトチームが喜びを共有した。

集って暮らす喜び

2014年6月8日感動的な完成引渡し式が実現しました。30名の人たちから祝福されたのです。私は「集って暮らす喜び」ですと、お祝いの言葉を申し上げました。

3世帯4世代が同じ敷地で生活されること自体「集って暮らす喜び」です。もう一つ、ここには昔から多くの人々が集ってきた歴史があるのです。それは、祖父が元大阪大学総長でした。お母さんは大阪大学の名誉教授です。多くの関係者や学生がいつも大勢通ってきたと言います。

これからは、保友さんは社会福祉のプロとして、地域福祉のため暖かいコミニティーを築いていかれるでしょう。さらに、二人の子供の友達や、愛さんの絵画木工教室に、親子で通ってこられる賑やかで和気あいあいの教室が、地域の新しい集いのスタイルを構築されることでしょう。いずれにしても椎名ご夫妻の暖かさが原資です。合言葉の「家、笑う」を、皆で唱和して、皆んなの笑顔で〆ました。

川柳　「揺れ動く　梢に立って　見るは親」　遊楽

感想文　人とのご縁で建てた家

16期生　椎名保友

「通りかかるみなさん足を止めて見上げて、立派なお宅ですねって言われるのですよ」と95歳の妻の祖母が嬉しそうにいつも報告してくれます。

２０１４年６月初旬。いい家塾の多くのみなさま、お祝いに駆けつけてくれた友人たち、そして祖母、義母、私たち夫婦と息子２人の４世代に亘る家族に囲まれて、こどもたちが笑顔で走り回り、大変賑やかな心温まる引き渡し式を行うことができました。

人とのご縁…このたび素晴らしい家が建つきっかけになりましたのは、「いい家塾」事務局員の釜中悠至くんとの交友でした。そのつながりから通いはじめた16期(2013年2月開講)。当初は新築の計画などなく、後学のためになどと思っていました。

そんなある日、妻の両親より同じ敷地にある古い家屋跡に家を建てないかという話をいただきました。ここから、家族と「いい家塾」との家づくりが始まりました。

住所のとおり、戦前に丘を切り開いた土地でもあり、4世代がかかわる家ということもあり、あらゆる問題に直面しました。建築士の木津田さんや岩鶴工務店さん、職人のみなさん、塾長をはじめ様々な専門家のお力でひとつひとつ解決しながら、建てていくことができました。

この1年余りをふりかえりますと、「いい家塾」での勉強や高知・梼原への伐採祈願祭などの行事に義母や妻、息子たちも含めて参加し、家族ぐるみで楽しく家づくりに取り組みました。

顔合わせのときから4歳と1歳の息子がいつもなぜか塾長に懐いていることもいい思い出になっています。

祖父母の代から多くの人が通い、訪れた土地でもあります。将来は息子たちの友達たちもいっぱい遊びに来て、「家笑う」にふさわしい千客万来なとてもとても活気に満ちた家になるのではないでしょうか。

これから暮らしていくうえで「いい家塾」とのお付き合いは長く続きます。

最後にこの場を借り、まずは義父母と家族に。そして「いい家塾」のみなさまに感謝の意を伝えさせていただきます。本当にありがとうございました。

コラム

地名でわかる？　地盤の強弱

土地の名前は、歴史やその土地の地形にちなんだものが多くあります。都市開発が進み、かつての面影がなくなってしまっていても、例えば、水辺を連想させる「沢」「窪（久保）」「谷」「洲」などの字がついている地名は、傾向として低湿地である場合が多く、地盤的には少し注意が必要かもしれません。

市町村合併で昔からの地名が消えてしまったところでも、バス停や交差点の名前などには、古い地名がそのまま使われている場合があります。また、古地図があれば、それと照らし合わせることで、おおよその地盤の強さを推測することもできます。

ただし、地盤の強弱は非常に複雑です。道一本へだてるだけで、地盤強度がまったく違う場合もあるので、最終的には地盤調査でしっかり調べてみることをおすすめします。

地形	代表的地名
低湿地	アクダ・アクド（悪田）、アト（阿戸）、アベ（阿部）、アワラ（芦原）、ウダ（宇田）、エダ（江田）、カツタ（勝田）、カツマタ（勝俣）、カマタ（蒲田）、クボ（久保）、コタ（古田）、ゴミ（五味）、ゴンダ（権田）、タイマ（当間）、タクマ（詫間）、トダ（戸田）、トベ（戸部）、トロ・ドロ（土呂）、トンダ・ドンダ（頓田）、ニタ・ニト（仁田）、ヌカタ（額田）、ヌタ（沼田）、ノタ（野田）、ノマ（野間）、フケ（冨家）、フダ（布太）、ホダ（法田）、ミドロ（美土路）、ムタ（牟田）、ヤノ（矢野）、ヤダ（八田）、ヤチ（谷地）、ヤツ（谷津）、ヤト（谷戸）、ヤハラ（矢原）、ヨド（淀）
新田干拓地	オキ（沖）、カラミ（搦）、コウヤ（興野）、コモリ（小森）、シンザイケ（新在家）、シンポ（新保）、シンヤシキ（新屋敷）、タシロ（田代）、チサキ（地先）、ナンゲンヤ（何軒家）、ハダチ（羽立）、ベッショ（別所）、ベフ（別府）
砂州・干潟	イサ（伊砂）、イサゴ（砂子）、シカ（鹿田）、ス（州）、スカ（須賀）、テマ（手間）、ユサ（由佐）、ユラ（由良）
崩崖	アヅ（小豆沢）、アゾ（阿曽原）、アボ（阿保）、ウツ（宇津）、オシダシ（押出）、カケ（掛）、カレ（干）、カロ（賀露）、カンカケ（鍵掛）、クエ（久江）、サル（猿山）、ザレ（座連）、ダツ（出谷）、ツエ（津江）、ナキ（黒薙）、ヌケ（抜谷）、ホキ（保木）、ボケ（歩危）、ヤギ（八木）

表　地形を表す地名の例

終章

「キゾク」です

最後までお読みいただき、大変ありがとうございます。あと先になりますが、簡単に自己紹介させていただきます。なぜ「いい家塾」が誕生したのかもお話しいたしましょう。

よく釜中さんは何者ですか？　と聞かれます。私が「キゾク」と答えると、皆さん、えっ！　と、驚かれます。貴族と勘違いされるのが面白くて、いつもそう答えています。「貴族」ではなく「木族」です。もともと「材木屋」なんです。

私は1941年、奈良県桜井市の製材所で生まれ、製材機の音を子守唄代わりに育ちました。桜井市は吉野林業の集散地で、吉野スギやヒノキの原木が集まっていました。製材所も数多くあり、吉野桜井のブランドで良質な製材品を各地に出荷していました。「門前の小僧習わぬ経を読む」と言いますが、子供ながらに製材の音でスギとヒノキの区別がつきました。

時代は移り国産材が少なくなり、特に吉野材の出材は細る一方でした。これからは輸入木材の時代がくると感じて、24歳のとき、大阪市住之江区平林で北米材と南洋材の原木販売業を始めました。社会人になって初めてのビジネスです。事業は順風満帆で、怖いもの知らずという状況でした。そして、日々取り扱っている原木を、自分の目で検分し、自分の力で輸入したいという、とてつもない夢を持つようになりました。

28歳のとき、青雲の夢を抱いて、たった1人で赤道直下のボルネオ島に渡りました。原住民と生活をしながらセスナ機でジャングルを調査しました。毎年、私は大阪市立の小学校で環境教育の特別授業を引き受けてきましたが、このときの貴重な体験を小学5年生に話しています。ジャングルの動物や焼畑農業の話などを皆、興奮気味に聞いてくれます。

約5年の歳月を経て、努力が実り、南洋材の開発に成功しました。当時は、丸紅や三井物産、日商岩井などの大手商社がボルネオ島を舞台に、マレーシアやインドネシアで木材開発をしていた時代です。それらの商社に混じって、ラワンなど南洋材を満載した、夢にまで見た私の運搬船「雄光丸」が大阪港に入港を果たしたのです。「雄光丸」はボルネオ島と大阪港などを何度も往復しました。大手の商社業務と同じことを青二才の若僧が自分の力で実現できたことが痛快事でした。

その当時は、木材の旺盛な需要に国産材が満足に供給できず、多くは輸入木材に依存せざるをえない状況でした。しかし、今は戦後の植林材も60年齢になり、建築用材として使える樹木が日本の山に蓄積されています。それなのに、まだ木材の70％近くを輸入材に依存しています。国産材の割合は30％弱にすぎません。

昔、南洋材を輸入していた私も、今、家を建てるなら日本の木を使ってほしいと願っています。材質的にも国産材が最高だからです。「いい家塾」でつくる家は、当然ながら、国産の無垢材を使用しています。

川柳　「武勇伝　何度聞いたか　子供達」　遊楽

一所懸命

南洋木材を輸入していた頃の、元気印で怖いもの知らずの私は、ある足跡を残しました。1973年に映画をつくったのです。

世の中では、戦後の住宅不足を解消するために、公団住宅やプレハブ住宅が次々と建てられていました。そんな中で、たった2日で家ができあがるという、鉄板の箱のプレハブ住宅が登場したのを知って、私は大変な危機感を覚えました。とても人が住める代物ではありません。夏は暑くて冬は寒い。夏、クルマの車内はどうなりますか？ボンネットでは目玉焼きができますよね。そんな家なのです。それだけではありません、音が大きく反響してとても生活できない箱です。

日本の家の構造材には、鉄や鉄筋コンクリートよりも木が適しています。それなのに、木は鉄やコンクリートと比較すると「燃えやすい、腐りやすい、弱い」と、ほとんどの人が誤解しています。鉄板の箱のプレハブ住宅のことを知って、この誤解を正さなければ大変なことになると思いました。そこで、多くの人に木の良さを正しく知ってもらうため、映画をつくることにしたのです。

団地住まいの4人家族が、持ち家を考え始めるところから話は始まります。そして、どんな家が良いのか家族会議が開かれて物語は進展していきます。物語の折々に、日本の家に木が一番適していることを科学的に説明しています。こうして、28分の劇場用映画「木霊《こだま》」が誕生しました。

今も、「いい家塾」の講座で教材として観てもらっている映画です。塾生から「目から鱗です」「40年前の映画とは思えません」「塾長の戦いの原点を知りました」との感想を聞くにつけ、つくって良かったとつくづく思います。

「なんだ、君は材木屋だから木造を推薦するのだろう」と言われるかもしれませんね。しかし、木の長所短所を知っているからこそ、日本の気候風土にふさわしく、人体に最適なのは「木」だと、自信をもって言えるのです。

映画をつくってからちょうど30年後の２００３年の秋、某全国紙の記者氏が、「木霊」の上映会を開催してくれました。映画が終わったあとで、私は製作当時より住宅環境がますます悪くなっていることの危機感を訴えました。家を買ってからこんな筈ではなかったと後悔する人が多いからです。ローンが終わる前に建て替えなければいけない短命住宅や欠陥住宅などの資産価値のない家。暑さ寒さや、結露に悩む家。被害が深刻なシックハウス症候群や化学物質過敏症を引き起こす家。いずれの問題も、消費者が家づくりを知らないことに大きな原因があります。そんな無防備な消費者を救済したいと熱っぽく語りました。

参加者から「釜中さん、具体的にどうしたいねん？」と聞かれました。私は消費者自身が「良品と悪品」を見分けるための正しい知識と最新情報を提供する場をつくりたいと提案しました。一人ひとりが「いい家とはこんな家です」「こんな家に住みたい」といえるようになるために、勉強の場の必要性を痛感していたからです。参加者から拍手が起こり、一級建築士や工務店、自然素材の家具店の代表者など数人がすぐに同意してくれました。そして、２００３年9月、その場で任意のＮＰＯ「いい家塾」が誕生したのです。

「いい家塾」は一人ひとりの夢を形にするひとつのコミュニティであり、自立に導いてくれる社会学校でもありたいと考えました。家について知り、学び、教えあうことは、暮らしのあり方を見直すことです。それがさらに、住宅産業界や行政に働きかけていく大きな力に育っていくことをいつも願って全力投球してきました。

満10歳

昨年9月、設立から満10年の誕生日を迎えました。無我夢中で塾生と一緒に取り組んでまいりました。色々なことがありましたから、よくぞ継続できたと感慨ひとしおでございます。

本年1月には、10周年記念シンポジウムを開催いたしました。また7月に、公益社

団法人　国土緑化推進機構の平成26年度「緑と水の森林ファンド」公募事業として認可を得ました。1年間10周年記念事業として有意義な当塾らしい事業を開催して参ります。

事業名は「美しい森の国」～その恵みと保全や健康住宅を考える～　と設定しました。日本は70％が森林の美しい森の国です。その恩恵に感謝し、有効活用と保全保護も重要な取り組みです。都市の消費者に日本の木で造った家の素晴らしさを伝えます。無垢の木をふんだんに使った家づくりの現場や、林産地に出かけ伐採祈願祭をするバスツアーも行います。当塾の長寿命の家のモデル5分の1の模型を、神戸と大阪会場で各1週間展示会を開催。また、塾生との家づくりの現場で、構造と完成の見学会を行います。最後に全企画を総括するシンポジウムを開催して締めくくりとします。

更に大きな記念事業がございました。本書の出版です。家づくりに関する類書は多数ありますが、40年間住環境の改善向上と「いい家づくり」を、全力で行ってきました。

これまでの、経験と実践に裏付けした常識といい家づくりのノウハウ、さらに情熱は誰にも負けないと自負しています。この40年間の足跡を集大成として書き記しました。きっと皆さまのお役にたてると自負しています。

従来は、任意のＮＰＯでしたが、記念の年に「一般社団法人　いい家塾」として法人化を果たしました。これを機にさらなるお役立ちの活動に邁進致します。

これまでに巣立った卒業生は約５５０名になりました。何人もの卒業生から実際に家づくりの相談があり、一緒にいい家づくりをしてきました。家が完成したときには、ともに喜びあい感動を共有します。「いい家塾」を設立して本当に良かったと、胸が熱くなる瞬間です。第9章でその一端をご紹介いたしました。

これも「いい家塾」の運営を支えてくれる皆さんの協力があってのことです。

サポーターの皆さんは、「いい家塾」の理念を共有する同志です。講師をしていただいているアドバイザーの先生方もいます。協賛企業は、いい家づくりに欠かせない素晴らしい技術や商品を提供してくれます。当初から、後悔しない家造りの〝ネットワーク〟を標榜してきましたが、サポーター、アドバイザー、協賛企業の三者の協働システムが見事に結実しました。そして、念願でした著作本も本書が第2弾です。JDC出版代表の久保岡宣子氏とは20年来旧知の間で、川柳の会「相合傘」に誘ってくれました。彼女は出版をはじめ、むつかしい商業演劇の世界で知る人ぞ知るマルチ才女です。本書は私のおもいを全て文字にしてくれました。また、編集の武田さん、八上さんありがとうございました。本書が一人でも多くの方の「いい家づくり」のお役に立つことができれば本望です。

「住いは人が主」「柱は木が主」と書きます。

これからは、日本の山の木で、匠の技を生かした木造住宅を皆さんの故郷や街にもっと建てて、美しい街並みを創出してほしいと願います。また、シックスクールをなくすため、コンクリート校舎から木造校舎への転換を加速推進してほしいものです。

田畑は放棄され里山は荒れ放題です。しかし、国力の基盤がしっかりするためには、第一次産業である農林漁業が基幹産業として健全な状態でなければならないと思います。

それによって、里山が蘇えり、国土は保全され、食糧や木材の自給率も向上します。瑞穂の国がよみがえり、山村に子供たちの元気な声が響きわたり「限界集落」がなくなることを願います。私たちの価値観が健全な方向に向かい、心豊かで安心して人生が過ごせる社会を皆で築いていきたいものです。基本理念「人は家を造り、住まいは人を創る」合言葉は「家、笑う」です。

川柳　「若葉萌え　里山ひかり　山笑う」
　　　「三世代　緑の郷で　家笑う」　遊楽

2014年8月4日

巻末資料

「いい家塾」5周年記念シンポジウム

＜いい家塾のアイデンティティー＞

＜設立趣意＞

(1)「いい家」が多くの社会問題を解決する重要な要素であると考え、住環境の改善、向上に向け行動する任意の NPO 組織として２００３年創設した。

(2) 消費者保護を目的に、消費者と業者の間で、第三者機関として中立の立場に立ち「いい家」の普及に貢献する。

(3)「こんな筈ではなかった」と後悔する人を無くすため、知識と情報を提供する講座を開設し、賢明な消費者の輩出を目指す。

(4) 良質な家造りを実現するため消費者の自立と主体性が高まる様に支援する。創立１０周年を期して一般社団法人に法人化した。

＜基本理念＞

「人は家を造り、住まいは人を創る」

＜定義＞

・住まいとは：「人生の基地」

・いい家とは：「Only One」の「住み心地のいい家」

・住み心地のいい家とは：「夏涼しく、冬暖かい健康住宅」

・家は買うものではなくつくるもの。

＜合言葉＞

・「家笑う」：「笑う門には福来る」家族が健康で笑いが絶えない家、これが幸せの原型と信じる。

＜運動＞

・100 年住宅で個人経済を豊かにし、よき家族制度の復活を目指す。

・11 月 8 日を「いい家の日」と定め、住環境の向上に向けて活動する。

＜家づくりの相談を受けたときの手順＞

◆塾長によるヒヤリング
　↓
◆特性に合った専門家のプロジェクトチームを編成
（不動産、設計、建築施工など）
　↓
◆土地から探す場合は、土地探しの支援（地盤調査）
　↓
◆土地が見つかったら、建築士との面談
大枠の設計方針が決まったら設計契約
　↓
◆じっくり打ち合せをして計画を練ります
　↓
◆設計が終了したら見積の作成（施工者）
　↓
◆予算に合わせて見積を調整して工事契約
　↓
◆地鎮祭　着工式
　↓
◆解体工事→地質調査、結果によって地盤改良工事
　↓
◆基礎工事　棟上げ　上棟式
　↓
◆内外装工事　設備工事　外構工事　等
　↓
◆竣工　引き渡し式

<いい家塾のメンバー>順不同

◆代表理事・塾長
釜中 明（株式会社アイス顧問、経営コンサルタント）

◆顧問
高田 昇（立命館大学教授、NPO 法人コープ住宅推進協議会 関西理事長、COM 計画研究所 代表）
林 幸（公認会計士・税理士林光行事務所 副所長、税理士）
落合 雅治（ジャーナリスト）

◆理事・サポーター
山本 啓二（株式会社山本博工務店 代表取締役、自作堂主宰
二級建築士 インテリアプランナー）
山田 哲也（一級建築士事務所時愉空間 代表 一級建築士）
山本 容子（株式会社大ス樹 代表取締役 宅地建物取引主任者、電磁波測定士 シックハウスアドバイザー）
吉田 公彦（一級建築士事務所 アトリエ２馬力代表 一級建築士）
木津田 秀雄（一級建築士事務所 胡桃設計代表 一級建築士 欠陥住宅全国ネット幹事）
岩鶴祥司（株式会社岩鶴工務店 代表取締役）
藤原 政幸（有限会社藤原建築工房 代表取締役 一級建築士）

◆監事・サポーター
山本 順三（株式会社ゼットテクニカ 代表取締役、断熱ＣＦＺ工法創始者）

◆サポーター
井上 直大（Ｎａｏ Design & Partners 代表 一級建築士）
黒川 力暢（有限会社クロカワ興業 代表取締役）
北濱 元博（株式会社ダイワ建設企画 代表取締役 一級建築士）
新美 一馬 (有限会社オレンジホーム 代表取締役)
マテー・ペーター（自然の住まい株式会社 代表取締役）
◆本部　事務局
釜中 悠至

◆アドバイザー（サポーター以外の講師）
高田 昇（立命館大学教授）
森島 憲治(NPO法人日本ファイナンシャルプランナーズ協会 理事､税理士)
林 幸（公認会計士・税理士林光行事務所 副所長、税理士）
桶村久美子（株式会社桶村色彩工房 代表 カラーアナリスト フリーアナウンサー）
大室 美智子（NPO 法人大阪府防犯設備士協会員、総合防犯設備士）
前出 英子（有限会社イーズプラン 代表､住まいの総合アドバイザー）
西村 寿勝（高知県梼原町森林組合 部長）
萩原 健（NPO 法人シックハウスを考える会 副理事長）
西村 美紀代（社会保険労務士、産業カウンセラー、心の健康管理士）
檜山 洋子（エートス法律事務所 弁護士・ニューヨーク州弁護士）
大谷 康男 (株式会社柊コンサルツ代表取締役 宅地建物取引主任者)
徳千代 泉（有限会社あわとく 代表取締役）
牧岡 一生（庭舎 MAKIOKA 主宰）
中野 智佳子 (紙戸屋)
石黒久雄（株式会社山王　常務取締役）

◆協賛会
有限会社あわとく
大阪ガス株式会社
大阪タカラ販売株式会社
高知県梼原町森林組合
株式会社山王
セコム株式会社
ゼットテクニカ富山株式会社
ゼットテクニカ阪神
株式会社高千穂
庭舎 MAKIOKA
中畑木材株式会社
株式会社プラネットジャパン
水谷ペイント株式会社
吉水商事株式会社
吉野・熊野の山ネットワーク
有限会社東木材　池正木材商店　熊野原木市場協同組合
有限会社グリーンフォレスト　株式会社山本博工務店

<いい家塾の 17 期プログラム>

いい家塾では、月 1 回第 4 日曜日× 10 カ月・11：30 ～ 17：00、家づくりを講義しています。講義内容をお伝えするために、参考までに、第 17 期のプログラムを掲載しました。期によって、若干の変更はあります。

第 1 講　ガイダンス・土地の重要性・不動産取引の注意事項・いい家塾のアイデンティティー

第 2 講　会場：日本民家集落博物館で重文古民家から伝統工法を学ぶ

第 3 講　設計の重要性・自然の恵みを最大限活かす・住宅に係る問題点。提言書「住宅基本法」「建築基本法」・家造り基礎知識

第 4 講　住まいの基礎、土台・ローンアドバイザーの分析・構造を何にするか・映画「木霊」鑑賞・自然素材を活かす家造り

第 5 講　木造工法の種類・高知県梼原町森林組合、森林経営の現状・日本住宅の 5 重苦、居住性の比較・家造り設計の役割

第 6 講　欠陥住宅の実態と見極め方・ライフプラン設計、資金計画・住まいのカラーコーディネート・シロアリ講座・意見交換会

第 7 講　会場：大阪ガスショールーム、W発電・電磁波の正体、健康家具・後悔した家を支援、分譲マンション劣化診断＆リノベーション・防犯対策

第 8 講　事例研究：マンション大規模改修、化学物質過敏症裁判を担当・断熱講座：セルローズファイバーでクレームワースト 3 を解決、外張り断熱の遇・家塾卒業生の住まい訪問・大手ハウスメーカーの現状、価格構成の分析

第 9 講　自然素材で快適リフォーム・畳講座・日本の間仕切り「襖と障子」・夢を描いてみよう「間取りとプランニング」講評

第 10 講　省エネ講座、自立循環型住宅・ユニバーサルデザイン家庭内介護の家造り・住み心地の正体、「いい家」の条件とは・修了式